Klartext

Jürgen Roth, geboren 1968, lebt als „Meister des parteilichen Wortes" (*taz*) und mit einem Paket „bitterbösem Spott" (*Gießener Anzeiger*) in Frankfurt/Main; schreibt u. a. über Literatur, Kultur, Fernsehen und Fußball. Letzte Buchveröffentlichungen: *Kultur? Betrieb! – Essays und Polemiken zu Literatur und Geistesleben* (Münster 1999) und *Bier! Das neue Lexikon* (Leipzig 1999).

Mehr als jeder andere Sport schleicht sich der Fußball in unsere Erinnerung ein: Er besitzt die höchste Macht über das Gedächtnis und reaktualisiert sich zugleich permanent selbst.

Marc Augé

Tut mir leid, ich bin ein Fußball-Idiot.

Klaus Toppmöller im Gespräch mit dem EXPRESS, *10. Oktober 1993*

Was meine Frisur betrifft, da bin ich Realist.

Rudi Völler

Wir müssen gewinnen, alles andere ist primär.

Hans Krankl

Das nächste Spiel ist immer das nächste.

Matthias Sammer

Diese Weicheier haben wir genug.

Bernd Hölzenbein

Das wird mir alles viel zu hoch sterilisiert.

Bernard Dietz, laut Spiegel *25/1994 bereits 1980*

Die Bedeutung des Fußballs besteht im Dienst an der Jugend sowie der Förderung von Frieden und Völkerverständigung.

Papst Johannes Paul II.

Jürgen Roth

Rätsel Fußball

Wissenswertes über Systeme, Spielerfrauen, Franz Beckenbauer und andere Sauereien

Mit einem Essay von Gerd Fischer
und einem
Gastbeitrag von Eckhard Henscheid

Titelbild unter Verwendung einer Zeichnung von F. W. Bernstein.

Die Deutsche Bibliothek – CIP-Einheitsaufnahme
Roth, Jürgen:
Rätsel Fußball : Wissenwertes über Systeme, Spielerfrauen, Franz Bekkenbauer und andere Sauereien / Jürgen Roth. Mit einem Essay von Gerd Fischer und einem Gastbeitr. von Eckhard Henscheid. – 1. Aufl. – Essen: Klartext, 1999
ISBN 3-88474-768-X

1. Auflage Oktober 1999
Satz und Gestaltung: Klartext Verlag, Essen
Druck: Pressedruck, Augsburg

ISBN 3-88474-768-X

Inhalt

Mützenrap mit Schall und Hall

Einige Vorbemerkungen

„König Fußball ist der wahre Herrscher aller sportlichen Spiele unseres Jahrhunderts. Seine Macht über seine Anhänger wird immer größer, die Begeisterung für ihn nimmt märchenhafte und manchmal unheimliche Formen an“, schrieb Wilhelm Fischer 1966 im Vorwort seines herrlich verschlafenen Bandes *Fußball-Weltmeisterschaft England 1966* (Göttingen 1966). Er hat auf eigentümliche Weise recht behalten.

Heute verharren wir staunend vor dem täglichen Tohuwabohu des medialen Quatschs. Niemals stand der Fußballer greller im Rampenlicht. Das kleinste Muskelspiel wird penibel registriert, Sendeminuten vom ARD-*Morgenmagazin* bis zum RTL-*Nachtjournal* wollen vollgestopft sein, und ein original deutscher Spezialkanal, das DSF, hat es sich zur Aufgabe gemacht, das Treiben bis in die unteren Tabellenbereiche der Zweiten Liga zu verfolgen. Per Trailer annoncierte der Spartensender etwa am 29. März 1997 „Fußball total! Zwei Mannschaften mit Aufstiegsvisionen“, „Yves Eigenrauch, der Eliminator!“ und „Fußballpower total!“

Die einen nennen's Service am Fan, die anderen die Inflation des Saugeredes. Man mag über TV-Formate wie *Hattrick! Die 2. Liga* oder *Finish* denken, was man will – abschalten ist ja vorerst nicht verboten. Je geschwätziger sich die Verwerter gerieren, je öfter und unkontrollierter sie jeden halbgaren Satz und jeden Achtelgedanken servieren, desto weniger wissen wir von unseren Superheros. Bräsiges Gebrabbel und boulevardeske Heldenerzählungen überdecken die wenigen mitteilenswerten Geschichten, und eine Gesellschaft, die auf den Stand einer televisionär-oralen Plappermühle regrediert, versackt in Langeweile. Noch weiter ging Umberto Eco (*Das Sportgerede*, in: *Über Gott und die Welt*, München/Wien 1985): „Der Sport ist die größte Aberration und Verselbständigung der *phatischen* Rede und somit – im Grenzfall – die Negation *jeder* Rede, also der Anfang einer Enthumanisierung des Menschen beziehungsweise die ‘humanistische’ Erfindung eines im Ansatz mystifizierenden Menschenbildes.“ Das „Sportgerede“ verschütte unsere Bezüge zur wirklichen Welt: „Der heutige Sport ist im wesentlichen das Reden über die Sportpresse. Irgendwo hinter drei Trennscheiben gibt es noch den real betriebenen Sport, aber im Grenzfall brauchte er gar nicht mehr existieren.“

Die Gesellschaft geht dabei elementarer Fähigkeiten verlustig: Sie begibt sich der Narration, eines kulturellen Modells von Würde. Narrationen stiften, paradox genug, rationale Mythen, erklären, wie etwas wurde, was es ist. Sie deuten und unterhalten, generalisieren persönliche Erfahrungen und bilden. Lebensbeichten, Bekenntnisse und Innenansichten möchten das Isolierte, Singuläre, das Besondere intersubjektiv teilen, möchten Anschauung und Reflexion, Räsonnement und Aufklärung, Exegese und Enthüllung verknüpfen. Das Sagenumwobene reicht zumal in der Fußballerautobiographie dem Informationsbedürfnis brüderlich die Hand.

Schreiben wollen gegenwärtig die wenigsten Fußballstars, die allerwenigsten, in seltsamer Umkehrung der Tatsache, daß unterdessen die trübsten Tassen und dämlichsten Fernsehvisagen (Nina Ruge, Wolfgang Herles, Peter Hahne usf.) den Buchmarkt und die Verlagsprogramme beherrschen, vollrammeln mit einer Memoirenliteratur, die als *Bild*- und *BUNTE*-kompatibler Schrott alles vergessen macht.

Parallel widmet die Auswurfpublizistik den Großen vergangener Tage läppische Berichte. *Bild* brummte am 12. Januar 1998 im Rahmen der Serie „Was ist aus ihnen geworden?“ über Bernd Nickel, den phänomenalen Dr. Hammer: „Eintracht strich ihm die Ehrenkarte“. Das war's. 6:0 schlugen die Frankfurter 1975 den FC Bayern München, und Nickel gelang ein Kunststück, das erst Mario Basler zu wiederholen vermochte: Er verwandelte einen Eckstoß direkt. Heute organisiert Dr. Hammer die „Panini-Mannschaft (mit UEFA-Lizenz)“ und könnte wahrscheinlich so vieles klarlegen, z. B.: „Meinen Spitznamen hat mir damals unser Torwart Hans Tilkowski verpaßt, dem ich im Training die Hände wund geschossen habe.“

„Er kenne Frankfurt gut, sagte der Mann gemütlich“, heißt es bei Eckhard Henscheid (*Maria Schnee*, Zürich 1988), „nahm seinen Stumpen aus dem Mund und neigte sich noch tiefer. Erst vor fünfzehn Jahren sei er im Waldstadion gewesen, 1972, Eintracht gegen Kaiserslautern 1:1. Der Mann qualmte zwei Züge an seinem Stumpen. Anschließend sei man alle zusammen in den *Struwwelpeter* gegangen, da sei auch der Schiedsrichter hereingekommen, man habe ihn unverzüglich wiedererkannt.“ Literatur ist die schönste, genaueste Form der Fußballgeschichtsschreibung. Welch verlogenen und pseudosentimentalen Dreck indes die Presse produziert – sie macht fortgesetzt und gesteigert vor gar nichts halt. „Der fröhliche Trainer aus Zagreb ist heute ein kranker

Mann“, betüdelte *Bild* am 3. Januar 1998 Zlatko „Tschik“ Cajkovski (bald darauf verstarb er) und brachte es fertig, „kleines dickes Tschik“, den „Kugel-Blitz der Bundesliga“, der Müller, Beckenbauer und Overath entdeckt hatte, im Stakkato abzuhalftern: „Immer hungrig. Auf Fußball. Auf Erfolge. Auf das Leben. [...] Und heute? Der Mann trägt auch zum Einkaufen Pantoffeln.“ Nur eines ändert sich nie: „Der Kroate mit dem serbischen Paß spricht immer noch Deutsch im Tschik-Stil: falsch, aber liebenswert.“ Armer Trottel, bleeder Jugo.

Die Jungen haben's besser; ihre Haare sitzen besser, ihre Beine laufen besser, ihre Gesichter sehen besser aus. Sie avancieren zur *BRAVO-Sport*-Ikone, zum *ASS*-Dauergast, um mit Poschmanns Fidelenface die fauligsten Sprüche zu wechseln; Scholl ist Centerfold, Effenberg für allerlei Pikanterien gut; andere, von denen man gerne wüßte, wie ihre Karriere begann und mit welchen Schwierigkeiten sie haderten, halten sich bedeckt, Karl Allgöwer oder Franz „Bulle“ Roth. Da will nur allzu plausibel erscheinen, daß *Bild* am 21. Januar 1998 Mehmet Scholl, „Teenie-Schwarm, Bayern-Star, Fußball-Millionär. Plötzlich auf der Schattenseite“, wiederbelebte: „Der neue Scholl – äußerlich bleibt er der ewige Junge. Er ließ sich ein megacooles Oberarm-Tatoo machen.“ Es zählen eben mehr die inneren resp. die snobistischen Werte: „Früher war ich viel unterwegs, das hat sich geändert. Ich gehe gern ins Theater, liebe Komödien. Ich war in der Oper, im *Barbier von Sevilla* und im Ballett – *Schwanensee*.“

Über Basler wollten wir Detaillierteres in Erfahrung bringen; vielleicht aber auch nicht, prüfen wir seine Interviews, etwa jenes, das er dem Spitzeninsider Jürgen Rollmann für den *PLAYBOY* (4/1998) gewährte. Er, der „so genial“ spiele, der „der Meister des perfekten Passes“ sei, der „gerne mal zwei oder sechs Biere“ trinke, dessen „Antritt phänomenal“, dessen „Spielwitz einmalig ist“ – der schafft es zu dekretieren, er habe noch nie „betrunken gespielt“, „nur mit vollem Magen“. Und: „Ich habe noch nie eine Schwalbe gemacht. Ich habe in meiner Profilaufbahn auch noch nie einen Elfer rausgeholt.“ Parbleu! (Dietrich Schulze-Marmeling kontert: „'Supermario' ist schnell, technisch versiert und schußstark. Ein genialer Spieler, dessen einziges Problem zuweilen sein Gehirn ist.“ Heil!)

Oliver Kahns *kicker*-Tagebuch deutete an, welch beschämenden Plaudereien man ausgesetzt wäre, fänden sie alle ihren Ghostwriter. Womöglich tun einige exponierte Ligaspieler gut daran, der vokalisch-liedhaften Artikulation den Vorzug vor der schriftlichen zu geben, derweil die nicht abebbende Deutschsangwelle die besten Voraussetzungen bietet für die „Produktion von 'Sportprodukten'" (Pierre Bourdieu: *Historische und soziale Voraussetzungen modernen Sports*, in: *Soziologische Fragen*, Frankfurt/Main 1993). Den Gipfel erklommen – nach Heinz Rudolf Kunze und „Das große geheimnisvolle Ballgefühl": „Nein nein, ich bleibe am Ball, Abschiede in Fahrstühlen, Gaskammertherapie in den Clubs, urgemütlich!" – „die Fußball-Jungstars" (*Spiegel* 18/1996) und „Fußball-Stars, Nationalspieler und Teenie-Idole des FC Bayern München" (Plattenfirma) Hamann, Zickler und Ziege, als sie mit dem Technobuben Keksi (= Keksi & Die Falschen Freunde) sechs ununterscheidbare Danceversionen von „Ohne dich (schlaf' ich heut' nacht nicht ein)" der Münchner Freiheit schufen: „Airplay Mix", „Keksi's Partyzone Mix", „SCCRMX", „Lieb' Mich Heut Nacht Mix", „DJ Beppo Mix" und „Future" (MCA 1996).

Die Nasen einer kaum weniger infernalischen Trinität, des Stuttgarter Gespanns Bobic/Poschner/Haber, drehten korrekt ihre Baseballkappen um, erklärten sich zum Tragischen Dreieck und „machten sich mit dieser witzigen Nummer selbst einen Heidenspaß". Ihr Retro-Spätsiebziger-Diskostampfer „steh auf (eo amama eo)" (Intercord 1996) glänzt durch Peter-Maffay-Samples, Mützeneinsatz und Rapflows besonderer Güte: „Der magische Fredi liegt zu Haus' im Bett" / „Poschi, Mensch, paß auf, du hast mich grad geweckt". „Mit einem heftigen Augenzwinkern", vermeldete das Label, „fabulieren sie"; dermaßen augenzwinkernd, daß ein neues Genre in der Tradition eines eher alten entsteht: „Bei Petar Radenkovic ('Bin i Radi, bin i König') hatten wir damals noch geschmunzelt, doch die Vokalartistik von Gerd Müller ('Dann macht es bumm'), Norbert Nigbur ('Darum weißt du nichts von mir') oder gar der deutschen 74er Weltmeistermannschaft ('Fußball ist unser Leben') traf mit voller Erschütterung in unsere Gehörzellen ein. Nee, nee, Fußballer sollten mal lieber kräftig stürmen, anstatt Eigentore zu produzieren – dachten wir." Und dann war's erneut zu spät.

Ein weiterer Fall: „Free Style feat. Jack 'n Jill präsentieren den Song 'The Diver' – Klinsmann Song exklusiv anläßlich der 1. Ausstrahlung nach der Winterpause *der* Fußballshow überhaupt – *ranissimo* auf Sat.1 – am 12. Februar 1995. Ein Popsong", krakeelte Intercord, „der eingängigsten Machart, so produziert, wie die VIVA-Generation es braucht."

Soll sein. Die Industrie lernt nicht aus. Jörg Wontorra schreibt bzw. läßt ein Buch schreiben (*Halbzeit mit Helden*, Düsseldorf 1997), das wir weder lesen noch hier berücksichtigen mochten; es gibt Grenzen. Wontorra seinerseits unterstand sich nicht, am 7. Januar 1998 während der gewöhnlichen deprimierenden *ran*-Spaßmoderationen zu annoncieren, der Zuschauer werde „gehobene Balletristik" zu spüren bekommen – wofür ihm sogar das Fegefeuer verwehrt sei; ihm und dem identisch sackgesichtigen Beckmann, dem „sein komisches Talent" (*FAZ-Magazin*, 5. Juni 1998) hinsichtlich des Proust-Fragebogens einflüsterte: „Hitler, Stalin, Boninsegna" verachte er am meisten, sein Lieblingslyriker sei „Werner Hansch", seine Helden in der Wirklichkeit seien „die *ran*-Redakteure!"

Man könnte glatt lamentieren; und ab und zu Trost finden – bei Toni Polster, den Fabulösen Thekenschlampen und deren ostentativ unmodischem Barhockerrocker „Toni, laß es polstern" (BMG Ariola 1997), bei beruhigend einfältigen Lines: „Der Schuß ging leider nicht ins Netz, / Das macht doch nichts, dann sing' halt jetzt". Weniger schön dünkt, wie die Unterhaltungsbranche überreden will, dit und dat sei trendyer denn trendy. Während die Toten Hosen, Rod Stewart, Elton John, Stefan Raab und andere Schwielen den Fußball besudelten, stiegen laut *WOM Journal* 4/1995 in den siebziger Jahren, dem Jahrzehnt der Semiotisierung des gesellschaftlichen Lebens, partiell Fußballer selbst zu Ikonen der Popularkultur auf: „Besonders tat sich dabei Paul Breitner hervor, neben Günter Netzer der erste anerkannte 'Fußball-Popstar', dessen mützensprengender Afro-Exzeß vielleicht einer der Gründe war, daß ihm die wesentlich dünnhaarigere NDW-Kapelle Trio den Song 'Los Paul' widmete."

Breitner bekam ein Buch hin, Gerd Müller warb inkl. Gattin für „den Glanz von dor", Netzer widmete sich seiner Diskothek *Lovers' Lane*. Heute müßten wir Tonstudioreportagen verfassen, Diskographien erstellen, Releasepartys Revue passieren lassen, Reviews schreiben und Gigs von Kirsten & Co. besuchen, um den Standard zu halten, sobald die Rede auf Fußball kommt. Sekundär scheint das Spiel, tertiär das Leben voller Konter, Knieschüsse und Kopfnüsse. Ein echter Jammer, soziologisch betrachtet der umfassende Wirklichkeitsverlust, psychologisch die Regression, medienpraktisch die Konfusion: „Die große Illusion, unter der viele Profis leben, geht auch von einem neuen, eher kindlichen Fantyp aus, der sich in den letzten Jahren rund um *ran* und

BRAVO-Sport gebildet hat – der Teenager, der seinen Scholl, Basler oder Ricken beim Training umschwärmt wie einen Popstar. Hier bedient der Fußballstar den lukrativen Markt der Helden der Pubertät. Aber diese Verdoppelung des Fußballs ist ein Irrtum. Denn auf dem Platz hilft dem spielenden Popstar anders als dem singenden kein Playback, keine Lightshow [...]. All das sieht der Fan besser, als es der Fußballer wahrhaben will. Er ist nämlich Fachmann, kein Claqueur." (*FAZ*, 16. März 1998) Und die Zeitschrift *Der tödliche Paß* strich in einer großen Untersuchung zum Thema „Fußball und Pop oder: Ist Mehmet Scholl ein Popstar und wenn ja, warum nicht?" (Heft 12, März 1998) heraus, der Popstar dürfe „sich Biographien erfinden und falsche Väter dazu: nur nicht darüber lamentieren, falsch verstanden oder zitiert worden zu sein." Der Fußballer hingegen scheitert über kurz oder lang bei dem Versuch, sein Image zu konservieren. So mühsam sich Aufklärung am Pop abarbeitet, so lächerlich wirkt der Spieler, dem weder Schwindel noch Verstellung, weder Inszenierungen noch Maskeraden, weder „Identitätstricks" noch anderer Campplunder nützen: „Denn eigentlich kann er ja nichts dafür, daß man ihn so partout zum Popstar trimmen will, wo ihm doch so vieles und Entscheidendes dazu fehlt. Und zwar nicht als individueller Mehmet mit geschorenem oder mittlerweile wieder wucherndem Haupthaar, sondern als Typus, meinetwegen auch als Repräsentant seiner Berufsgruppe am Ende dieses Jahrtausends. Dieser ist – und hier liegt der Grundwiderspruch – auf Wunsch von oben nämlich diametral anders angelegt und prinzipiell popinkompatibel." Und Johannes John (*Der tödliche Paß*) weiter: „Im Stadion wird hingegen erst dann gespielt, wenn sich gegebenenfalls der Rauch verzogen hat. Und man genau zuschauen kann, ob einem nun ein X oder ein U präsentiert wird: oder eben ein X für ein U. Was man dann auspfeifen oder nach Leibeskräften verhöhnen darf. Das wiederum liegt in der Natur der Sache, am Wesen des Spiels selbst: Es ist leicht zu durchschauen, wenn auch gelegentlich und auf höherer Ebene durchaus schwer zu 'lesen'. Die Fakten aber liegen klar, in oft auch schonungs- und schutzloser Nacktheit offen zutage. [...] Unsere Sache, die Substanz [...], das Fußballspiel selbst ist wesentlich pop-fremd, weil hier in neunzig Minuten alles die Woche über Verborgene, Übertünchte, 'Überspielte' oder Zugequasselte ans Tages- oder Nachtlicht kommt."

Früher war nicht alles besser; aber anders. Man sollte den Deckel zuklappen – und einige der letzten Mirakel lösen. *Rätsel Fußball* will und kann nicht den Sport in toto erklären, wenig wirkte anmaßender. Vorliegender Band möchte ein paar nahezu zeitlose oder die Geschichte des hiesigen Fußballs konstant begleitende Topoi beleuchten. Er inspiziert den Kosmos dieses einerseits geratenen, andererseits offenbar saudummen Spiels, bisweilen lediglich in mikroskopischen Details, an Hand derer das Gesamtphänomen gepackt und gelegentlich verurteilt wird. Manchmal nur en miniature kommen wir den täglich wechselnden, jedoch immergleichen Mythen und dem minütlich wachsenden Unfug auf die Schliche.

Allein: „Stimmt das alles?" fragt Christoph Bausenwein (*Geheimnis Fußball – Auf den Spuren eines Phänomens*, Göttingen 1995). „Ist der Fußball zu einem reinen Spektakel verkommen, inhaltsleer funktionierend nach den Prinzipien der Unterhaltungsmode, so daß er, wenn seine Reize verbraucht sind, ausgewechselt werden wird wie das Programm einer Show?" Könnte sein. Der Geheimniskrämer widerspricht: „Die Erfolgsstory des Fußballs hält, das ist offensichtlich, in eindrucksvoller Weise an. Der Fußball übt nach wie vor eine geheimnisvolle Anziehungskraft aus. Und nach wie vor ist ungeklärt, worin sie besteht."

Wir glauben das weniger. Wir rätseln darüber, warum sich die Anhänger gefallen lassen, was man ihnen präsentiert, und gewinnen den Eindruck, vom Phänomen zum Phantom ist der Weg nicht mehr weit. Trotz aller Müh' und Redlichkeit: Das weltbewegende Mysterium Fußball vermögen wir nicht zu deuten – weil es keines gibt – außer auf dem Platz. Der Rest, ein beständig anschwellendes Lärmen um nichts als Nichtigkeiten, gehorcht den Gesetzen der (post-)modernen Märchenproduktion, vulgo: Lügendrechselei.

Angesichts eines Franz Beckenbauer, der nun schon bei Clintons Bill herumturnen und -grinsen darf; angesichts des aggressiv zynisch-reaktionären Gefasels eines endgültig verblödeten U. Hoeneß: „Ich bin mir ganz sicher, daß das, was wir jetzt nach Bosman erleben – wie schaue ich am besten aus –, daß das abgelöst wird durch die Frage: Wie gebe ich meinem Arbeitgeber das alles zurück, was er für mich tut?" (*Süddeutsche Zeitung*, 6. Februar 1999); angesichts des romantisierend lavierenden Geschmarres von Willi Lemke, „bei" den Fans „darf nie der Eindruck entstehen, daß es sich bei dem Berufsfußball letztlich nur um eine riesig angelegte Geldmaschine handelt" (*kicker*, 24. Juni 1999); angesichts der allgemeinen Kapitalvordringlichkeit in tm3- und Helmer- und Beckmann- und wieder Beckenbauer-Verpflichtungsfragen, die halbe Zeitungen füllen (xy will xy Millionen, xy kauft xy, wenn xy nach xy wechselt und dafür xy xy erhält); angesichts der totalen „Sportifizierung" (Dieter Bott) und Militarisierung („Allofs holt die Sense raus! Grätschen ist jetzt Pflicht"; *Bild Düsseldorf*, 26. November 1998; „Magath, der Gnadenlose – Erst strich er die freien Tage. Dann peitschte er seine Spieler im Training nach vorn. Ohne Rücksicht auf Verluste"; *EXPRESS*, 5. November 1998); angesichts der Zerstörung des Samstagnachmittags; angesichts der „36-Stunden-Fußballwoche" (*BamS*, 27. Juni 1999) und der baldigen Explosion des gesamten Systems Fußball; angesichts der unkontrollierten Herrschaft der Managercliquen und des nullmedialen Bandenwesens; angesichts der selbstgerechten Ex-RTL-Elitequassler Jauch und Reif, die tatsächlich dem „Fernsehen eine Sucht nach Kokolores" bescheinigen (*Süddeutsche Zeitung*, 26. Mai 1999; unsere wahre Version ihrer gefeierten Madrid-Übertragung findet man im zweiten Teil des Buches); angesichts der Tatsache, daß „Firlefranz" (*Spiegel* 50/1998) Beckenbauer dem Hans Magnus Enzensberger seinen edlen Namen übertragen hat und jener jetzt – als späte Anwendung seiner „Nullmedium"-Diagnose auf sich selbst – „der Beckenbauer der intellektuellen Welt" (*Bild Düsseldorf*, 14. Dezember 1998) ist; angesichts des Befunds, „das Denken der Sportberichterstattung ist in die Literatur eingedrungen" (3sat, I.-Bachmann-Preislesung, 25. Juni 1999); angesichts eines O. Kahn, der cyber- und ingeborgartig „100.000prozentige Leistung" (*Bild*, 16. Juni 1999) fordert und uns die durch keine ästhetische Ersatzhandlung zu lindernde Demütigung des verlorenen Champions-League-Finales vom 26. Mai 1999 bescherte, diese „Niederlage epochalen Ausmaßes" (*Süddeutsche Zeitung*, 27. Mai 1999), die finstere Stunde des inneren „Konvois des Schweigens" (*Süddeutsche Zeitung*, 28. Mai 1999), nach der wir weder von E. Stoiber noch, o nein: – von Franz B. die „Spontanheilung" (*Süddeutsche Zeitung*) empfangen wollten –

– angesichts all der Scheiße geben wir Richard Kirns säuselnden Anekdoten, gesammelt in: *Der lachende Fußball – Fröhliche Geschichten um das runde Leder* (Nürnberg 1942; Anspieltips: *Tor aus Zorn*, *Die Unaussprechlichen*, *Die Kritik*), den Vorzug:

„Dem Hamburger *Sportexpreß* verdanke ich diese Geschichte:

Der alte Deutsche Fußball-Bund (DFB) und die Presse ‘standen’ sich nicht immer. Es gab da Zeiten –

Na ja.

Anfang der 20er Jahre sprach Gottfried Hinze auf dem Bundestag in Halle über ein wieder mal verlorenes Länderspiel. Aus der Ecke, wo die Presse saß, kam ein Zischen. Der DFB-Vorsitzende sah unwillig auf. Er sprach weiter.

Das Zischen wiederholte sich. Und die Herren von der Presse machten fröhliche Gesichter. Das war zuviel für Hinze:

'Meine Herren, aber unterlassen Sie doch das Zischen!'

Sie zischten jetzt nicht mehr, sie lachten mit Schall und Hall. Sie hatten nämlich gar nicht gezischt. Die Dampfheizung war nur undicht geworden. Und diese ließ zischend ab und an Dampf ab.

Gottfried Hinze soll nachher selber mitgelacht haben."

(*Die Presse zischt*)

Franz Wittmanns Lehrbuch *Wie sage ich's meinen Spielern? – Die Gestaltung der Spielerabende bei den Amateurvereinen* (Aalen 1960) wäre allerdings auch eine Option.

Peter Közle!

Du bis laut *Frankfurter Rundschau* „vom Fußball-Zweitligisten MSV Duisburg zum Mitbewerber MSV Duisburg“ gewechselt. Közle! Was soll das? Warum der ganze Zirkus? Willst Du uns verarschen? Antworte gefälligst! Aber ranissimo!

*

Johan Cruyff!

Als Trainer des spanischen Erstligaclubs FC Barcelona zeichnen Sie für eine beispiellose Serie verantwortlich. Kürzlich mußten Sie hintereinander ein 0:5, ein 1:4 und noch mal ein 0:5 wegstecken, alles in allem die höchste Niederlagenserie seit Vereinsgedenken. Der Grund? Sie, Cruyff, hätten die Stars Stoitchkov und Romario malträtiert, als „Faulpelze“ verunglimpft, demotiviert und auch schon zum Teil in die Wüste geschickt. Statt dessen läuft nun Ihr Sohn Jordi auf, und als Ersatztorwart steht Ihr Schwiegersohn Angoy kurz vor seinem Einsatz.

Um weit Schlimmeres, Cruyff, abzuwehren, holen S' halt Ihre Oma nach Iberia, setzen Ihr Töchterlein Christine im zentralen Mittelfeld ein und verstärken die Deckung durch Onkel „Tank“ Wim. Dann hat auch Ihre prompt verkündete Vertragsverlängerung bis 1997 endgültig einen Sinn.

*

Lothar Matthäus!

Seit vielen, vielen Tagen schweigen Sie im großen und ganzen, alle Redefontänen scheinen wie versiegt. Was'n los? Maulkorb erhalten vom Allmächtigen? Oder haben Sie Ihre lustvolle und transgressive Ejakulationsgewalt anderweitig befriedigt bzw. erschöpft und gebannt *unterm* Kaiser?

Mitteilung! Und zwar ein bißchen plötzlich!

*

Lodah Maddäus!

Neulich fragten wir, warum Ihr Stimmchen verkümmert und Ihr Organ verstummt, ja Ihr sonst verläßlich froh sprudelnder Mitteilungssinn zur Ruhe gekommen sei – zu früh. Denn schon brechen Sie Ihr Schweigen und stecken der Weltpresse erneut, daß, wir zitieren, „der Valencia ein Mordsteil mit sich rumträgt, das er gerne einmal mitten auf dem Platz eingesetzt und dort irgendwie volle Kante versenkt sehen würde. Auch ich als Kapitän wünsche mir deutlich mehr Frauen, mehr Weiber auf dem Rasen, weil sich das Hinlangen, m. a. W. die von Beckenbauer immer wieder geforderte internationale Härte, dann auch mal rentieren tät'. Gerade der Profifußball muß wieder so gestaltet werden, wie er von seinen Erfindern konzipiert war: als ein total aufregendes und geiles Geschiebe – Werbung für den Fußball eben. Jau."

So, Herr Matthäus, hätten Sie das nicht gesagt? Wirklich? Stimmt alles überhaupt nicht? Dann verbessern Sie uns. Wir hören Ihnen doch gerne weiter zu.

*

Sauber, Thomas Berthold!

Da stellt das amerikanische Fernsehen anläßlich des Fußballänderkampfes Spanien – BRD brav seine Mikrophone in die erste Reihe, um weltweit zu Gehör zu bringen, wie die Berti-Boys brav ihren „Nationalstolz" (Vogts) kundtun und die „Hymne" (Kohl) runtersägen – ja, und was, Berthold, singen Sie? Ein zunächst noch defensiv verwehtes „Dö-dödödö, dö-dö-dödödö", das sich im Verlauf der Strophe zu einem kontrolliert attackierenden „La-lalala" steigert, um dann mit fast schon wagnerisch imposantem „Döm-dömdöröm ...!" Siegfrieds Ball nothungmäßig reinzupfählen.

Das, Berthold, hat uns stolz gemacht, stolz auf Ihre Launen, auf Ihre vernebelt griesgrämige Visage, Ihren lyrischen Sinn fürs Wesentliche. Auch wenn das Spiel dann scheiße war.

*

Gerhard Zwerenz, altes Schlachtroß!

Kürzlich beteiligten Sie sich in der Wochenzeitung *Jungle World* an deren beliebter Umfrage „Wo waren Sie, als das Sparwasser-Tor fiel?" Und was steckten Sie als altgedienter sozialistischer Dampfkessel, als noch immer republikflüchtiger Stardissident und PDS-Fußballbeauftragter den Genossen? „Obwohl ich während der Zeit in meiner DDR-Gegnerschaft immer wieder erneut gefestigt wurde, weil die DDR auch mich fortwährend als Feind behandelte – ich war da ja längst in Westdeutschland –, hab' ich bei dem Treffer sehr gejubelt."

Mensch, Zwerenz, dasisjadoll! Mitten während der Zeit in Ihrer DDR-Gegnerschaft für den Gegner sein – Hut ab! Was immer das heißt! Und gewagt! Und warum? „Wenn es um nationale Fußballspiele geht, dann sympathisiere ich grundsätzlich mit dem Gegner der deutschen Nationalmannschaft." Schließlich sind Sie ein markanter und a priori höllisch unbequemer Kopf – im besten Hegelschen Gegensatz zum Rest der Welt: „Die Reaktion auf Sparwassers Tor war in Westdeutschland natürlich ein großes Entsetzen"; sein Bombenschuß nämlich haarscharf „der Gegenpol zum großen Weltmeister-Tor in Ungarn" – welches, um die Dialektik rund zu machen, in der eher kleinen Schweiz fiel.

Kurz, Zwerenz: Sie hatten, da man Ihr schwerwiegendes Dichterwort begehrte, wieder zuviel gegessen. Das Blut plumpste aus dem Kleinhirn ratzfatz in den Magen, und es war kein Halten mehr: „Ich glaube, daß so manches, was jetzt nach 1989 als Siegestriumph West gegen Ost geschehen ist, auch eine Art innere Befriedigung war, gewissermaßen die Wiedergutmachung für das furchtbare Sparwasser-Tor." Und wissen Sie was? Gewissermaßen glauben wir das auch. Ergo babbeln und brunzen Sie nur weiter. Wir freuen uns immer, wenn Sie die deutsch-deutsche Welt erklären. Bloß die Sache mit dem Fußball, die sollten Sie sich ruhig noch mal durch den maroden Schädel sickern lassen.

Schön – lang – sam – –

*

Frank Mill (37)!

Weil Du trotz mehrfach angekündigten Rücktritts und bei gleichzeitiger Beschäftigung im Familienunternehmen „Container Mill" fortgesetzt und gar wieder für Fortuna Düsseldorf dem Ball hinterherdampfst und dergestalt „den Bayern zeigst, wie man Fußball spielt" (K. Feldkamp), ließ uns Dein ehemaliger BVB-Stürmerkollege Norbert Dickel vor dem Pokalspiel gegen die Münchner in der *Sportreportage* (17. September 1995) wissen, Du, Mill, seist „mit allen Abwassern gewaschen".

Heißt, Frank Mill (37): Hier, in Deinem Fall des altersstarrsinnigen Endlosbolzens, scheint die meistenorts gewünschte Synthese von Hobby (gegnerische Abwehrleute abkochen) und Beruf (Kloakenwässerchen in Abfalleimern herumkutschieren) praktisch wegweisend und bereits mit läppischen 37 Lenzen verwirklicht und im Sack zu sein.

Ordentlich Bauschuttaufträge für die kommenden fetten Jahre wünschen wir.

Das ausklingende zwanzigste Jahrhundert war das Jahrhundert des technischen Fortschritts, der Mobilität und des Fußballs. Kein anderes Massenerlebnis elektrisiert die Menschen weltweit wie das von Engländern erfundene Mannschaftsspiel.

Süddeutsche Zeitung, 16. Juni 1999

Frühvollendete Demenz

31. März 1999, Frankenstadion Nürnberg, DFB – Finnland, Qualifikation zur Europameisterschaft. Ich sitze auf der Haupttribüne, Reihe 1, beste Sicht.

Das Spiel läuft, läuft gut, Jeremies demonstriert, was der Fachmann „den unbändigen Drang zum Tor" nennt. Matthäus' Pässe atmen den Geist der Reife. Und das Publikum?

Hinter mir agiert ein Triumvirat aus Vater und zwei Söhnen. Nicht, daß sie mich getadelt hätten, als ich ihre Aufforderung, während der Hymnen den Arsch hochzuwuchten, ignorierte; dafür – und wie in absichtlich rasender Bosheit – blasen die Rotzlöffel ununterbrochen infernalische Drucklufttröten, brüllen, sobald Thomas Strunz den Ball führt, „Struuuuunz! Struuuuunz!“, und um den Beweis anzutreten, noch jede Konditionierung funktioniere, reißen sie über den russischen Schiedsrichter, der weiß Gott keine Fehlentscheidung trifft, reihenweise fabelhafte Pfeifenwitze, u. a.: „Wir wissen, wo dein Auto stand, es hat schön gebrannt.“

Nach dem 1:0 (Jeremies) springen sie in die Höhe und intonieren: „Steht auf, wenn ihr Deutsche seid!“ Die Zehnjährigen. Und der Alte, die Drecksau, hockt daneben und denkt gar nicht daran, ihnen übers damische Maul zu fahren. Er nimmt sie ja mit – sie zu lehren, ihre Nationalfixierung zu pflegen.

Horkheimer/Adorno diagnostizierten im Zuge der Manipulation am Bewußtsein eine Art weitgreifende Frühvergreisung. Auf den Schalensitzen steigert sie sich offenkundig zum Allerfrühstseniorenschwachsinn. Die Bengel geben die geifernden Simpel, als stünden sie vor der Rente. „Oh, tut uns den Möller nicht an!“ blöken sie, Papi ergänzt: „Der hätt’ vorhin bei die Weiber mitspieln solln.“

Fußball heute, das bedeutet primär: alters- und klassenübergreifende Hirnverrottung.

Am Genfer See

Daß Fußball mit Politik korrespondiere, das Spiel sich nach ihren Verläufen richte, der Mittelfeldmann renne, wie der Kanzler führe, der Stürmer den Kopf öfter benutzt, wenn die Regierungsmannschaft den eigenen verliert (Hoeneß-Hrubesch/Kohl-Genscher) – wir wußten’s und glaubten es trotzdem nicht.

Seit Bosman, seit dem 15. Dezember 1995, weht ein „anderer Wind“. Der Profisport reagiert offen auf die veränderten Rahmenbedingungen. Barca-Coach Louis van Gaal läßt die holländische Nationalmannschaft ran, der Neger, der Ukrainer, der Balkanese verdrängt deutsche Nachwuchskräfte. „Die Politiker meinen, der Fußball müsse seine Vielfalt haben und auch zur Integration der Rassen beitragen“, kommentierte UEFA-Generalsekretär Gerhard Aigner im *kicker* (17. Juni 1999) den Trend zum verteufelten Multikulturalismus und forderte die Wiedereinführung des EU-Ausländer-Kontingents. Der Grund allen Übels (Schuldenberge, siechende Nationalteams) ist gefunden: „Wir führen sämtliche Mißbräuche im derzeitigen Profifußball darauf zurück, daß diese Reglementierung nicht mehr in Kraft ist."

Künftig sollen höchstens fünf Kanaken den heiligen Boden des jeweiligen Gastvereins betreten dürfen. Es denkt am Genfer See, es knirscht im Schädelgebälk. Aigner: „Wir sprechen nicht von ausländischen Spielern, sondern von nicht selektionierbaren."

Bei Beachtung des teuer erkauften Bleiberechts wird die Herrenriege den durch Arbeit frei Gewordenen nichts tun. Wie lange die UEFA dem tückischen Treiben einer „solch ungeheure[n] Zahl nicht selektionierbarer Spieler" tatenlos zusieht, steht allerdings auf einem Blatt Papier, das man während der „Genfer-See-Konferenz" abzusegnen plant.

Bundesliga-Absteiger Karlsruher SC und Borussia Mönchengladbach haben ihren Streit um die angebliche Beeinflussung von Sean Dundee beigelegt.

Frankfurter Rundschau, 6. Juni 1998

Gedanken splittern durch die Hirnwindungen. Die Ordnung der Sinne ist unmöglich. Alles zerfließt. Der Weg vom Tor in die Kabine scheint unendlich. Ich stehe barfuß im Himalaja. Keine Erinnerung, wie ich in den Umkleideraum komme. Einzig die Beschimpfungen der 12.000 mitgereisten Eintracht-Fans, die wie ein wahrer Fäkalienregen über Schiedsrichter Berg niedergehen, durchschneiden die innere Leere. Ralf Weber tritt die Fernsehkamera auf die Aschenbahn. Langsam steigt Hitze in mir auf. Der Schiri hat uns verpfiffen. Ein Betreuer erzählt, wie Stuttgart in Leverkusen ein Elfmetergeschenk entgegennahm. Und uns haben sie einen geklaut. Verschwörungstheorien blitzen auf.

Uli Stein: *Halbzeit – Eine Bilanz ohne Deckung*
(Frankfurt/Main 1993)

In meinem Kopf geht's zu wie in einem Mixapparat.

Uwe Seelers Frau Ilka

Die VfB-Anhänger hatten von dem üblen Schattenspiel hinter dem undurchsichtigen MV-Vorhang keinen Schimmer [...]

BamS, 24. März 1998

Vierzig Jahre Verschwörung

Von Schweden 1958 bis zur Kroatien-Katastrophe 1998

„Alles, aber auch wirklich alles hatte sich an diesem schwarzen Dienstag", da der FC Bayern im Erstrunden-UEFA-Cup-Hinspiel gegen Valencia mit 0:3 „baden" ging, „gegen uns verschworen. [...] Das Hotel *Azteon* – unter aller Kanone. Es liegt in einem Armutsviertel. Nichts los rundrum." So steht es in Lothar Matthäus' bahnbrechendem Diarium *Mein Tagebuch* (Berlin 1997) geschrieben, einem wahrhaft drolligen, grazile Tölpelhaftigkeit bezeugenden „Stück" (B. Engholm) Bekenntnisliteratur, das uns den fraglos aktuell zweitbesten Fußballspieler der Welt als offen und doch vergeblich um mannschaftsinterne wie gesellschaftliche Anerkennung fightenden mittelfränkischen Bubenparvenü vorführt. Obschon Matthäus lediglich sacht auf den Putz klopfen wollte, avancierte *Mein Tagebuch* zum spektakulärsten Presseereignis des Jahres 1997, weil der begnadete Allrounder von seinen dubiosen, im Hintergrund gemeingefährlich agierenden Ghostwritern am unsichtbaren Nasenring durch die Manege des Sensations- und gierigen Enthüllungsjournalismus geschleift wurde. Matthäus das Opfer dunkler Profitmachenschaften? Eines Komplotts der selbst ohn' Unterlaß mit angeblichen Verschwörungen hantierenden investigativen Detektivschreiber?

Er habe „Interna" enthüllen und „Klartext" reden wollen, erklärte die Münchner Nummer zehn, als ihn, Matze Matthäus, seine Kollegen Kahn, Helmer und Babbel vor aller Welt zum Idioten stempelten (Helmer verstieg sich zu der Diagnose: „Kranken Menschen muß man helfen"). Aufklärung war sein Ziel gewesen, die Zerschlagung jenes männer- und zuletzt agentenbündlerischen Kreises, den zumal eine unter höchstem Erwartungsdruck stehende Bundesligamannschaft wie der FC Bayern München quasi naturwüchsig bildet. Da scherte plötzlich jemand aus, verletzte die Spielregeln, und die keineswegs diplomatischen Hintermänner in kurzen Hosen stießen – ihr Versteck (die Kabine, den Stammitaliener), wo sie lauerten auf den entscheidenden Fehltritt des ehemaligen „Weltfußballers des Jahres", nun behende verlassend – dem Gutgläubigen den Dolch der Verleumdung und Ridikülisierung ins Zwerchfell, bis er nichts mehr zu lachen hatte – eine Konspiration, eine geheime und gemeine Verabredung fatalsten Ranges, mit dem Ziel: „Sturz" des Kapitäns. Lothar gab dann die „Binde" auch pflichtschuldigst an Beckenbauer, den Vertrauten und Spezi, zurück. So allerdings sind alle großen Lenker zu Fall gekommen. Nur: Matthäus steht dessenungeachtet seinen Mann.

Eine andere, eine nahezu unglaubliche, ja fast nicht zu glaubende noch ernstzunehmende Verschwörung nimmt parallel seit den späten achtziger Jahren ihren Lauf. Just der eher zweifelhafte Abwehrmann Thomas Helmer nämlich wirbt hoffnungsvolle Nachwuchsakteure (von Unterhaching beispielsweise) an und verkauft sie unterderhand, praktisch top-secret und ohne Wissen seines Arbeitgebers, gewinnbringend weiter; macht einen „Schnitt" und handelt wider die Statuten des DFB, welche bekanntlich spielervermittelnde Tätigkeiten während der aktiven Laufbahn strikt untersagen.

Helmer hintergeht die Jungspunde ebenso plan- wie absichtsvoll, täuscht sie gleich dem DFB und dem eigenen Manager und nominellen Bayern-Finanzchef Uli Hoeneß. Der jedenfalls möchte von all den kleinen, ökonomisch motivierten, geschickt inszenierten Komplotten gegen den Nachwuchsfußball (schließlich „verheizt" Helmer seine Sprößlinge, hinterher sind sie, psychisch-physisch entkräftet, kaum mehr zu gebrauchen) nichts wissen; au contraire: verschließt die Augen und läßt Helmer hinterrücks hantieren. Darob schilt ihn der Aufklärer und Günter Wallraff, besser: der Bernt Engelmann des bundesdeutschen Fußballs, der Ex-Werder- und halbwegs Ex-MSV-Torwart Jürgen Rollmann, einen „Doppelagenten" (*Beruf Fußball-Profi – Oder: Ein Leben zwischen Sein und Schein*, Berlin 1997).

Abermals fürchterlicher und dezidiert verheerend, wenn nicht vernichtend (offene Kämpfe waren mitunter die Folge!) ging es schon Anfang der siebziger Jahre bei den dazumal auf der abebbenden Woge des Erfolgs paddelnden europäischen Spitzenkickern des FC Bayern München zu. Franz Beckenbauer, seines Zeichens heutzutage einer der einflußreichsten Kulissenschieber, Flüsterfunktionäre und Fädenzieher, ein beinahe dämonischer Einflußnehmer hinsichtlich des deutschen und des FIFA-Globalfußballs, dem *Bild* bereits am 22. Februar 1995 per Überschrift attestierte: „Franz Welt-Präsident" – Beckenbauer, der laut *Gala* vom 28. Mai 1998 ein „geheimes Gipfeltreffen" mit Luciano Pavarotti abhielt, Beckenbauer war, unerfahren, leichtfertig, gutgläubig, greenohrig resp. -hornig, Opfer eines äußerst weitreichenden, von langer Hand eingeleiteten Konflikts und Großgruppenkampfes zwischen den wichtigsten Stützen des dreimaligen Europapokalsiegers; Opfer namentlich der Achsenmacht Breitner-Hoeneß-Lattek, welcher das Trio Beckenbauer-Maier-Müller nahezu aussichtslos gegenüberstand.

„Es war schon faszinierend", erzählt der kleinbürgerlich strenge, mit Machtinstinkten gesegnete, indes noch zart verklemmte Beckenbauer in *Ich – Wie es wirklich war* (Gütersloh 1992), „wie Paul Breitner sich ein Image aufbaute, das schließlich die *New York Times* dazu verführte, ihn als neuen 'Heros der deutschen Gegenkultur' zu bezeichnen." Doch Unbehagen schleicht alsbald herein. Breitners „Vollbart" wirke „wie eine Kriegsmaske", und „der Unruhestifter, der Rebell in der Mannschaft" suche einen Bundesgenossen, den er in Uli Hoeneß fand, dem „'Jung-Siegfried'". Warum?

Beckenbauer konnte sich, obgleich „Fußballprofessor“ Dettmar Cramer dem aufstrebenden Hoeneß 1974 ein brillantes Weltmeisterschaftsturnier prophezeit hatte, nach eigenem Bekunden „für Hoeneß [...] nicht starkmachen. Er war draußen, aber nur 72 Minuten.“ Soviel Häme vertrug der schüttere Wuselkopf schwerlich. Trotz WM-Sieges – die Stimmung zu Hause an der Isar: im Eimer. „Danach war nichts mehr, wie es einmal gewesen war. Bei Hoeneß hatte sich wohl die Idee festgesetzt, ich würde ihm seine Karriere nicht gönnen, ihn nicht zu groß werden lassen wollen.“ Diese „Idee“ fiel auf fliegenpilztoxischen Boden. „Er fand einen Verbündeten in Udo Lattek“, Breitner stapfte herzu und mischte auch ordentlich „mit“. Was genau sie ausheckten, bleibt selbst retrospektiv im dunklen. „Hoeneß, Breitner und Lattek bildeten eine verschwörerische Allianz. Eine spöttische Bemerkung beim Essen, eine kleine Bösartigkeit beim Training“, winzige, fiese, effektive Nadelstiche, ungenaue Psychotricks, verschwommene Anspielungen, ein insgesamt recht diffuses System aus Halb- und Vollgemeinheiten, im verschwörungsgeschwängerten Showgewerbe allzu üblich. „Die Luft“, ächzte der Kaiser, „hatte plötzlich einen giftigen Geruch.“

„Damenkränzchen“ wurden zwecks Klärung einberufen, offenbar ging es um „Geld“ und die exponierte Stellung des ersten dt. Fußballmanagers und Beckenbauerintimus Robert Schwan. Allein, die Drei stellten's nicht besonders klug an. „Manches“, so Beckenbauer, „bekamen wir gleich mit.“ Aus jener „gewisse[n] Feindseligkeit“ entwickelte sich ein der Paranoia eng verwandtes Syndrom. Beckenbauers scharfsinnige Conclusio: „Bei Kaffee, Kuchen und Klatsch entstanden Neid und Mißgunst, sie verbreiteten sich in der Mannschaft wie eine ansteckende Krankheit. Ein erheblicher Realitätsverlust entwickelte sich, jeder glaubte plötzlich, für die Mannschaft wichtiger zu sein als der andere. [...] Das hat zur Folge, daß du selbst immer argwöhnischer wirst, oft eine böse Absicht vermutest, wenn es vielleicht doch nur eine Ungeschicklichkeit war. Ein Paß, gerade um die Idee zu schnell, die es dir unmöglich macht, den Ball noch zu erreichen.“ Eine „Idee“, eine Verschwörung, und der Erfolg ist „flöten“, futsch.

Erneut Beckenbauer, „der nachweisliche Drahtzieher der neuen deutschen Fußballformation“ (ARD-*WM-Klassiker*, 31. Mai 1998), war es, wie noch heute die jeden albernen Komplottkäse allzeit zu glauben bereite Günter-Netzer-Gemeinde des deutschen Fußballfeuilletons kolportiert, der nach dem weltgeschichtlichen WM-Vorrunden-Nulleins gegen die stasigeführte und -trainierte DDR das Ruder in die Hand nahm, Bundestrainer Schön entmachtete (während Willy Brandt via Guillaume stürzte) und den tadellos überschätzten Netzer an der Bank festnagelte.[1] Diesbezüglich erweiterte Verschwörungsmutmaßungen gehen sogar davon aus, Netzer sei auf stilles, womöglich bloß geflüstertes Geheiß des Mannschaftsführers Beckenbauer eingewechselt worden, um den „Manager und Rebellen" (H. Böttiger) vor der Weltöffentlichkeit im Rahmen eines vergurkten Kicks zu blamieren und zu demontieren. Wahrscheinlich hat das gesamte Team vorsätzlich verloren, während man 1982 zu Gijon contra Österreich knapp 1:0 siegte und dergestalt den Islamer (d. i. der Algerier) per Klandestinabsprache aus dem Turnier spedierte.

Der FC Bayern (und in seinem innersten Kreis Megapräsident B. samt dieser Tage hörigem Vasallen Hoeneß und der Putzkraft Rummenigge): eine Schaltzentrale übler Machenschaftspolitik?[2] Zumindest wohl während entscheidender Phasen im Kampf um die Deutsche Meisterschaft. Da greifen die Herren, heißt es, zu unlauteren Mitteln und suchen verdeckt zu beeinflussen, den DFB zu steuern, damit es spannend bleibe (eine ähnliche Rolle schreibt die Presse dem Formel-1-Boß Bernie Ecclestone und seiner FIA zu, die immer dann, wenn ein Rennstall richtig aufs Gas drückt, technische oder Rennsanktionen verhängt; Anfang 1998 etwa traf es McLaren-Mercedes, deren „Wunderbremse" aus dem Verkehr gezogen wurde, worauf Sportchef Norbert Haug was von „Verschwörung" in die Kameras brummte; am 12. Juli 1998 allerdings konterte, Ferrari hatte schön aufgeholt, der Rennleiter des schwarzen Pferdes, Jean Todt, via *BamS*: „'Die da hinten', er nickt in Richtung McLaren-Mercedes, 'haben Paranoia. Paranoia, ja, wissen Sie, was das ist?' Verfolgungswahn. 'Exakt. Und da gibt es Ärzte dafür, um das zu heilen.'" Nur drei Tage später fragte dann auch *Bild*: „Verschwörung gegen Mercedes?"). – Zum Ende der Spielzeit 1997/98 erklärte die Vereinsspitze des 1. FC Kaiserslautern, man habe gegen Dortmund (am 9. April 1998) nur 1:1 gespielt, weil der unerfahrene und obendrein bayerische Schiedsrichter Wolfgang Stark die Partie verpfiff. „Himmelschreiend!" schrie FCK-Boß Keßler, und Ex-Kapitän Martin Wagner wagte sich einen zusätzlichen „Tick", nein: „Trick" (Bein- resp. Kopfschuß oder -nuß) weiter vor: „Die Bayern bestimmen halt, was in der Bundesliga läuft, nicht der DFB." Filigraner legte die durch und durch normale Angelegenheit Lauterns Aufsichtsratsvorsitzender Robert

Wischmann aus: „Der DFB will nicht, daß wir Meister werden! Ohne nachzudenken einen Bayern hierher zu schicken, wäre eine Dummheit. Aber dumm sind die Herrschaften nicht. Das ist Vorsatz! Und wir können nichts machen, außer der Öffentlichkeit mal vor Augen zu führen, was der DFB für ein mieser Verein ist!"

„Verband" wäre richtig gewesen. Dennoch: Selbst die landsmannschaftlich korrekt bayerntreue *BamS* (und ähnlich zuvor ihr Parallelblatt, die mit Lothar Matthäus und Hauskolumnist Beckenbauer verschweißte *Bild*) raunte am 12. April 1998, das „kann einfach kein Zufall sein." Irgendwie sei schon something im Gange. Ex-Bundesligaschiri Volker Roth (56) wies die Vorwürfe zurück und beruhigte: „Unsere Schiedsrichter sind objektiv und neutral." Weniger gefaßt fuhr Manfred Amerell, Mitglied des DFB-Schiedsrichterausschusses, gleichfalls am 12. April während des DSF-Talks *Doppelpaß* dem telephonisch zugeschalteten Lauternfunktionär N. N. blutgrätschend in die Parade: Er sei scheinbar einer jener „fanatischen Vereinsfunktionäre" und die qua mafiose Geschlossenheit vorgetragene Position seines Clubs „der personifizierte Schwachsinn", ergo Stuß, eine Ausgeburt irrer Hirne ohne Hirn. Es regiert der Fußball, niemand blickt's mehr. Amerell, der „unbestechliche Durchgreifer, der die Rote Karte mit loderndem Zorn in den Augen zückte und der uns den Glauben gab, daß die Gerechtigkeit – Aristoteles zufolge die höchste aller Tugenden – hin und wieder eine Chance hat" (Rainer Moritz: *Immer auf Ballhöhe*, München 1997) – Don Amerell also, diesen Fall vorerst beschließend: „Verschwörungstheorien und Schiedsrichter haben im Fußball überhaupt nichts zu suchen." Das sollte uns zu denken geben. Fußball ohne Schiedsrichter: Ob ein geregelter Spielbetrieb noch gewährleistet wäre?

Was ist da überhaupt seit Dezennien los? Zogen nicht bereits 1958 dunkle Wolken auf, Wolken über Deutschland? Nachdem man im Weltmeisterschaftshalbfinale gegen Schweden durch unlautere Anfeuerungsmethoden, das „Heja-Heja"-Geschrei des Elchfressers, aus der Bahn und dem Turnier geworfen worden war, rafften die Verantwortlichen der „Göttinger Jugend-Bände" ihre letzten Intellektualkräfte zusammen und schmiedeten ein Büchlein namens *Dramatische Fußballkämpfe gegen Herbergers tapfere Elf*. So double-bind-neurotisch die Titelei, so ingeniös die Erkenntnisse: „Ja, der Weltmeister soll hier in Schweden entthront werden. Möglichst mit Pauken und Trompeten. Das wünscht man uns von Herzen." Norbert Seitz (*Doppelpässe*, Frankfurt/Main 1997) kommentierte den Doppelpaß zwischen Wahn und Wut: „So der anonyme Autor der 'Göttinger Jugend-Bände', der das übrige Teilnehmerfeld als supranationale Verschwörungsgemeinschaft zur Wiederherstellung der Ehre nach der weltweiten Schmach von 1954 zu empfinden schien."

Abseits deutscher Paranoia fand 1958 ein entschieden bekloppteres Komplott statt: der „Komödiantenstadl" des zweiten Vorschlußrundenspiels Brasilien vs. Frankreich. „Die Brasilianer haben klar gewonnen", erzählt Hans Blickensdörfer (*Der Kaiser – Die Franz Beckenbauer Story*, Heilbronn 1991), „aber im Spiel sind Sachen gelaufen, von denen niemand etwas ahnt und die das Schnaufen nicht vertragen. Man muß dazu wissen, daß diese Weltmeisterschaft den Schusterkrieg von Herzogenaurach so richtig angekurbelt hat. Puma gegen adidas hieß das Spiel, beziehungsweise der Kampf im Hintergrund. Untergrund wäre noch besser." Im französischen Quartier Saltsjöbaden nämlich intrigierten die Dassler-Brüder, was das Flickzeug hielt, noch bevor Adi „im Weltsport zu einem der einflußreichsten wie schlitzohrigsten Leute hinter den Kulissen aufstieg." (*Frankfurter Rundschau*, 2. März 1998) „Sepp Herberger, Fuchs, der er war, hatte die deutsche Nationalmannschaft vertraglich an adidas gebunden." Puma wollte kontern, suchte zugkräftige Partner, aber die Brasilianer „schworen auf eigenes Schuhwerk". Blieb Frankreich.

Blickensdörfer initiierte einen Geheimdeal mit dem adidas-bewehrten französischen Verteidiger Raymond Kaelbel – zugunsten Pumas. 'Paß auf, Puma will dir ein Angebot machen, aber ich will nichts damit zu tun haben.' Raymond Kaelbel sagte: 'Okay, reden kann man immer.'" Kaelbel steckte 2.000 schwedische Kronen in den Sack und lief trotzdem auf adidas-Sohlen ein. Blickensdörfer war's zufrieden, „daß man bei Vertragsbruch bei schwarzen Geschäften dieser Art in eine ziemlich miese Röhre guckt", denn Puma-Chef Armin Dassler hatte gelost. „Aber dann passierte das Unfaßliche. Raymond Kaelbel erschien zur zweiten Halbzeit mit Puma-Schuhen! Und der Juniorchef, zuerst ungläubig mit dem Kopf wackelnd, fing zu grinsen an. Es war eine herrliche Geschichte, aber außer uns beiden hat sie wohl kaum jemand registriert, wenn man vom betroffenen Doppelagenten absieht. Mitte der zweiten Halbzeit fing Raymond Kaelbel nämlich zu hinken an, und das mag nicht unerheblich zu Brasiliens klarem Sieg beigetragen haben. Aber nicht einmal Trainer Albert Batteux hat etwas von den Wasserblasen geahnt, die seinen Abwehrrecken drückten, obwohl er vorher, zwecks erhöhter Geschmeidigkeit des Leders, in die neuen Schuhe gepißt hatte."

Regelrecht pissed off fühlte sich späterhin Sepp Maier. „Ein Krieg um die Fußballschuhe hatte es bereits 1970 während der Weltmeisterschaft gegeben", referiert er in *... und wer küßt mich?* (Bergisch Gladbach 1985). Derweil ehedem „Sepp Herberger mit einem Prozent an dem Werbegeld beteiligt gewesen sein" soll, gingen die Akteure noch leer aus. „Wir wußten, daß andere Ländermannschaften Geld dafür bekamen, daß sie Schuhe aus Herzogenaurach trugen. Wir wollten dasselbe." Na schön. Unschön hingegen, wie der Ex-Bayern-Mittelfeldmann Jupp Kapellmann seinen Managerposten beim verfeindeten TSV 1860 München interpretierte: „Er war maßgeblich an dem Weggang der Spieler Hofeditz, Stering, Gerber, Grünther und Metzler beteiligt", klagt Maier. „Auch die vorzeitige Entlassung von Trainer Krautzun ging auf Kapellmanns Konto. Jupp hatte mittlerweile nicht nur gelernt, wie man Fäden zieht. Er verstand es auch hervorragend, Intrigen zu spinnen."

Vor der fatalen 78er Krankl-WM braute sich weiter südlich (Richtung Italien, Mafia) laut Max Merkel (*Das Runde ist der Ball*, München/Berlin 1989, 5. Aufl.) auch zwischen den traditionellen Wiener politischen Parteiungen Erhebliches zusammen, weil er das Amt eines nationalen „Sport-Direktors" aufgebürdet bekommen hatte: „Der rote ÖFB-Boß hatte sich [...] als Fachmann einen Sport-Journalisten mitgebracht, Michael Kuhn von der eher roten *Kronen-Zeitung*. Plötzlich stand Walter Hoyer, der Reporter vom schwarzen *Kurier*, vor uns, sprach das bedeutungsschwere Wort: 'Aha!' und verließ finster den Schauplatz. In seinen Augen war er eben Zeuge einer 'Verschwörung' zwischen den Sozis und mir geworden, um das National-Team künftig nur noch in roten Trikots spielen zu lassen, möglichst noch mit einer roten Nelke im Hosenbund." Was ein offensichtlicher Rabenunfug! Merkel! Die Roten! Jeijeijei!! Aber weiter im Text: Vom Bundesligaskandal nämlich möchten wir getrost schweigen[3], bedeutender dünken allemal Auseinandersetzungen und Händel auf internationalem Parkett. Frankfurts ehemaliger Weltklassekeeper Uli Stein, der mit seiner Autobiographie *Halbzeit – Eine Bilanz ohne Deckung* (Frankfurt/Main 1993) enthüllte, wie Beckenbauers *Bild*-Zeitung Mannschaften nominiert, mußte 1986 bekanntlich vorzeitig aus Mexiko abreisen, weil er die Nationalelf „Gurkentruppe“ und Teamchef Beckenbauer „Suppenkasper“ hieß. Ein klassisches Pressemißverständnis: Stein meinte die „Urus“, und Beckenbauer selbst soll gegenüber Stein geäußert haben: „Es tut mir leid. Ich konnte nichts mehr machen, das kam alles von ganz oben“ – „die Allgewalt Neuberger“ – die ihrerseits gewohnt war, berühmt-unrühmliche Rollen zu spielen – in diesem großen Game um big Geld. 1974 nämlich, der Weltfußball strebte unter dem seit 1966 voll aufgegangenen Stern F. Beckenbauers einem ersten Kommerzialisierungshöhepunkt entgegen, schien bereits die Gruppenauslosung speckklar „getürkt“ gewesen zu sein, und es traf vornehmlich den erzfeindlich verbundenen Franzosenmann: „Besonders böse waren die Franzosen, die in einen Topf mit Tunesien, dem Iran und Österreich geworfen wurden. Auf diese Weise landeten sie in der stärksten Gruppe mit Argentinien, Italien und Ungarn. Als Drahtzieher vermuteten sie einen Deutschen: ‘Neuberger war der starke Mann, der die Gruppeneinteilung maßgeblich beeinflußt hat. Er hat alles zum Wohle des Weltmeisters getan’, empörte sich Trainer Michel Hidalgo [...]. Tatsächlich bastelte der kleine Ricardo [der dreijährige Enkel des topkorrupten FIFA-Präsidenten Jupp Havelange, d. Verf.] eine Gruppe zusammen, die ganz nach dem Geschmack des DFB-Präsidenten und seines Angestellten Helmut Schön war. Paul Breitner, mit dem Fußball-Bund zerstritten und darum für die Nationalelf tabu, konnte nicht als Polemik ausgelegt werden, wenn er sagte: ‘Helmut Schön hat wieder einmal großes Glück gehabt und die mit Abstand unkomplizierteste Gruppe erwischt.’“ (*Die Geschichte der Fußball-WM – Stories, Daten, Hintergründe*, München 1990)

Nix Exaktes – back to Stein – weiß man gleichwohl nicht. Merkwürdig und nachgerade mysteriös, daß abermals der Kaiser von der Hamburg-Mannheimer im Zentrum eines skandalösen Kuddelmuddels aus Absprachen, Hintergehungen und miesen Finten „auftaucht“ (von woher eigentlich?). Steins Rückblick auf „die mexikanische Herausforderung“ quasselt auch nicht lange um den heißen Brei herum. Er, der besser war als sein Intimfeind Harald „Toni“ Schumacher, sei gegangen worden wegen einer nahezu nachweislichen adidas-Verschwörung gegen ihn. – Einschub und apropos adidas: Merkel Max führte ad Argentinien (s. o.) weiter aus: „Bei der WM passierte dann die Sache mit den Bällen. Die österreichische Nationalmannschaft kickte mit Puma-Bällen. In Argentinien hieß der offizielle WM-Ball aber ‘adidas’.

Österreich erreichte zwar, nach den Ausscheidungsspielen, die zweite Runde, verlor aber dann katastrophal mit 1:5 gegen Holland. Warum? Nicht der Trainer, auch nicht die Kicker, nicht einmal der Schiedsrichter, sondern der ungewohnte 'adidas'-Ball war daran schuld. Und darum auch der Max Merkel! Die Mannschaft hatte immer nur mit Puma-Bällen trainiert. Als man in Argentinien zum Training schnell 'adidas'-Kugeln hernehmen wollte, stellte sich heraus: Der Platzwart hatte sie in Wien, beim Verstauen der gesamten Team-Ausrüstung, 'vergessen'. [Wir achten hier besonders auf die Anführungszeichen.] Böse Zungen behaupteten, ein Puma hätte ihm dafür etwas zugeschnurrt. Klar war, die Österreicher mußten das Spiel mit dem ungewohnten Ball verlieren." Herr Hoyer fauchte über Alpen und großes Meer hinweg: „Wie sollen wir gewinnen, wenn wir mit den falschen Bällen trainieren!" –

Also gut: Stein besaß im Gegensatz zu Schumacher keinen privaten Ausrüstervertrag mit Adolf Dassler. „Trainingseinsatz bis zum Umfallen" hatte Beckenbauer dem Torwarthelden attestiert und regelmäßig hinzugefügt: „Im Tor spielt der Toni." Das war zuviel. „Doch es kam noch besser. Beckenbauer wandte sich mit sehr versöhnlicher Stimme, mit fast kumpelhaftem Unterton an mich: 'Uli, ich weiß, daß du frustriert bist.' Verlegen kratzte er sich am Hinterkopf: 'Ich weiß, du bist in der Form deines Lebens. Es gibt überhaupt keinen besseren Torhüter bei dieser WM.' Nach dem Zuckerbrot folgte die Peitsche: 'Aber hier kannst du nicht spielen.' Kein 'Schaun mer mal' oder 'Mit Sicherheit' federte das Urteil ab. Das war's." Und was war's? „Es waren wohl rein wirtschaftliche Gründe, die meinen Einsatz verhinderten. Adidas sponsorte das deutsche Team im allgemeinen und einzelne Spieler im besonderen. [...] Als mir darüber hinaus noch zugetragen wurde, daß sowohl Toni Schumacher als auch Franz Beckenbauer zu den Werbeträgern gehörten, ging mir ein Licht auf"; – Stein: der Leidtragende des sattsam bekannten „Schuhkriegs" zwischen den Herzogenauracher Dasslerbrüdern (als Dritter freilich gesellt sich seltsamst Matthäus hinzu; woran der schlappenspezifisch arbeitet, weiß augenblicklich keiner genau)?

Letztlich trug Stein die Fackel der Aufklärung umsonst. „Millionen diskutieren zu Hause erregt über Mannschaftsaufstellungen, nichts ahnend von dieser Kulissenschieberei. Die Freizeitindustrie diktierte die Mannschaftsaufstellung. Eine Welt brach zusammen. Mein gesamtes

Wertgefüge geriet ins Wanken. [...] Zutiefst betroffen beschloß ich, diese Mechanismen zu ächten."

Die „geheimen Teamchefs" von adidas jedoch zeigen Flagge. Nach einem Spiel seines HSV in Augsburg, da er den Effenbergfinger ans tobende Publikum richtete, rätselt Stein: „Gibt es gar ein DFB-Komplott gegen mich und meinen Verein? Wollen sie, daß ich ausflippe?" Andere Parallelen deuten sich an. 8. Oktober 1987: „Während nebenan in Schleswig-Holstein zur selben Zeit ein Ministerpräsident namens Uwe Barschel an seiner hemmungslosen Machtgier scheitert, verkrampft der Hamburger Sportverein in heuchlerischer Selbstreinigung." Laut Toni Schumacher, dem „Weltklassemann" und „Radikalisten", so dessen Biographen Hans Reski und Ulfert Schröder (*Toni Schumacher – Sein Weg zur Weltspitze*, Bergisch Gladbach 1987), muß indes Stein als der horrende Heuchler anläßlich des desaströsen deutschen Mexikoskandals gelten – nämlich als treibendes Moment der „Gruppenbildung" unterm Dach des *La Mansión Galinda* (bzw. des Hotels *La Amansion* in San Juan Galindo, da verschärfend zirka 130 dauerlauernde Aufklärungsjournalisten kampierten, die Forschungslage ist etwas unsicher hier). Ein Knoten von Verschwörungen wurde geschürzt, ein ganzes Bündel geschnürt, ein treibhausklimatisch bedenklicher Meilenstein an Stumpfsinn erreicht. Niemand wußte so recht, wo den verletzten Kapitän Karl-Heinz Rummenigge der Schuh drückte, und allen voran der seelisch und körperlich Gepeinigte selbst streute die fürchterlichsten Gerüchte um Schumachers angebliche „Kölner Mafia". „Er litt offensichtlich an Verfolgungswahn. Franz Beckenbauer bemerkte ganz treffend: 'Der hat augenblicklich Ohren und Augen am Hinterkopf, der hört und sieht das Gras wachsen.' Karl-Heinz machte später selbst seinen Gefühlen Luft: 'Gefühle kann man nicht beweisen, diese Erfahrung habe ich machen müssen. Blicke, Gesten, Sichanschweigen, Wispern hinter dem Rücken. Das steigt hoch – aber du kannst mit niemandem darüber reden. Du machst dich lächerlich, wenn du zu Toni sagst: 'Warum siehst du denn weg? Hast du was gegen mich?'"

Toni sah nicht weg, er sah genau hin. Sein Kampf um die Position des Alphahuhns hatte Priorität: „Mich besiegen, das hätte ihm in der Mannschafts-'Hackordnung' die führende Position eingebracht und sein Selbstwertgefühl beträchtlich erhöht." Toni Torwarts Hieb saß. „An seiner Kapitänsbinde lag mir nun wirklich nichts. Die verpflichtete nämlich zu einem Scheißjob" und macht offensichtlich krank (vgl. den subkutanen Zusammenhang hinsichtlich des „Binde“-Vorkommnisses bei Matthäus und der Krankheitsdiagnose Helmers!). Statt dessen rumort Rummenigge weiter, schon vor der WM bildet er prophylaktisch eine „Allianz“ mit dem mächtigen Breitner (der, s. o., traditionell wider Beckenbauer eingestellt ist und agiert), und Toni denkt nach: „Diese fixe Idee müssen ihm böswillige ‘Ratgeber’ eingeimpft haben. Vielleicht jemand von der *WELT am Sonntag*?“

Eben diese *WELT am Sonntag* hatte Schumacher seit langem auf dem „Kieker“, auf dem Wunschabschußzettel. Prompt „zog Kalle sich zurück, gesellte sich zu Augenthaler [Bayern!] und Stein [sic!!]. Vielleicht haben die beiden ihm die kindische Vermutung eingetrichtert, ich sei ihm gram und spinnefeind.“ – „Eines Abends dann, beim Essen, bemerkte ich eine ungewöhnliche Aufregung und Getuschel am ‘Münchner’-Tisch“, die „Situation“ (Michael Schumacher) eskaliert, „Kalle dreht durch“, entscheidet Littbarski. „Er könne nichts beweisen“, referiert Schumacher Rummenigges Anwürfe, „aber zwischen den Zeilen, das *spüre* er, stünde einiges ... eben nur *Spürbares* ...“, und Toni spürt, daß ihm nun der Arsch auf Grundeis geht: „Wißt ihr was? Ihr könnt mich mal allesamt gefühlvollst am Arsch lecken!“

Na ja, die „Sache“ wurde nie richtig geklärt, das Team um Boß Beckenbauer lediglich Vizeweltmeister – u. a. ja wegen Schumachers Riesenfehler im Argentinien-Endspiel. Schumachers Analyse deckt aber darüber hinaus einen mittlerweile bekannten konspirationsrelevanten Konnex auf: „Rummenigges größter Arbeitgeber nach adidas ist Fuji. Klar wie Quellwasser ist, daß Karl-Heinz ein goldenes Angebot von mindestens 1 Million DM bekommen hat“ und spielen mußte. „Aber gegen Klauseln war ich immer“, behauptet Toni, „wie zum Beispiel: Der Spieler muß bei einer EM oder WM mitspielen“. Was zweifellos bezüglich Rummenigge heißt: „Der bei Inter Mailand tätige Westfale blieb auf Vermutungen sitzen.“ (*Die Geschichte der Fußball-WM*)

Nicht auflaufen durfte hinwieder U. Stein, wir hörten es. Die „Mexiko-Story“ stellt sich bei Schumacher erneut einen „Ticktack“ (Max Merkel) differenzierter dar: „Ganz anders ist das mit Uli Stein. Zwischen ihm und mir ist eine Verständigung nicht mehr möglich. Eigentlich wollte ich keine Zeile an diese Type verschwenden“, trotzdem steigt er in den Ring und teilt aus: „Für seine ständigen Verleumdungen habe ich kein Verständnis [...]. Seine Anwesenheit in Mexiko war nur schwer zu ertragen.“

Wo liegt und lag die Wahrheit? In der trügerischen Mitte weiß Gott nicht. Steins „Abreise bedeutete Erleichterung", den „verdienten Rausschmiß" hatte sich das „Paket gebündelter Charakterfehler" selbst zuzuschreiben. Wer „den Zapfenstreich um volle drei Stunden" überzieht, „wird nie eine Chance bekommen." Gleichwohl muß Toni einiges zurechtrücken: „Jeder Vereinspräsident steht vor der einfachen Alternative: adidas oder Puma? So groß ist deren Macht schon heute. Die verbleibende Entscheidungsfreiheit ist pure Ironie: Der Präsident kann immerhin noch wählen, von wem er abhängig werden will. So was nenne ich die freie Wahl des Gefängnisses. Der DFB entschied sich für adidas, folglich tritt die Nationalelf mit den berühmten drei Streifen und der adidas-Blume an. Alle Großen des deutschen Fußballs sind mit adidas verheiratet: allen voran Franz Beckenbauer." Eben. Da haben wir ihn wieder. Zehn Zeilen später dreht Toni den Spieß um: „Uli Stein verpaßte wieder einmal die Chance, eine seiner schwachsinnigen Äußerungen zurückzunehmen. Nach seinem Rausschmiß aus der WM-Mannschaft sagte er (mit dem bekannt spitzen Mäulchen eines Fuchses, dem die Trauben zu hoch hängen): 'Beckenbauer, Neuberger, adidas sind ein eingespieltes Team. Die sind doch nur daran interessiert, Schumacher im Tor zu fördern.' Man muß diesen Quatsch erst mal auf sich wirken lassen, dann wird man sich auch über die Qualität des Steinschen Brettes vorm Kopf ziemlich klar."

Zurück auf dem Terrain des tristen Bundesligaalltags, gewahrte Schumacher eine fortdauernde und schleimige „Faulpelzverschwörung"; während andererseits bei Großturnieren „die psychische und sexuelle Kasernierung" evtl. allererst besagte Steinsche und Rummeniggesche Mentalzwirbel und Verschwörungsschwurbel verursachte. Schumacher („Ist gebumst worden oder nicht?") plädierte daher 1986 angelegentlich der „Sexaffaire" (Reski/Schröder) für seitens des Deutschen Fußball-Bundes zu organisierende käufliche Liebe im Quartier: „Wenn Liebeslust uns beutelt, sollte man zur Not lieber Callgirls zu Hilfe rufen. [...] Wenn jemand eine Frau in seinem Zimmer haben möchte, sei sie ihm gegönnt. Er sollte nur seine Zimmernachbarn nicht stören." Wäre man jenem gewieften Vorschlag gefolgt, die WM 1994 hätte nicht derart in die Bux gehen müssen. Wie aus seriösen Quellen zu hören, hegt der DFB-Spitzenstab bis heute die feste Überzeugung, Berti und seine Mannen seien 1994 Opfer einer Verschwörung des Ehefrauenkaders geworden. „Bianca Illgner, Angela Häßler und Pilar Brehme", erläuterte *BamS* (19. November 1995), „sollen in diesem Zusammenhang wenig rühmliche Rollen gespielt haben." Vogts kannte seine Pappenheimerinnen, die „hochkarätigsten Giftnickel unter den Angetrauten seiner Spieler" und „Kampfhennen"; Ribbeck oder wer wird sie künftig wegsperren und jeder Frauenkonspiration prophylaktisch wehren.

So kraftvoll Vogts a posteriori dem Damenkomplott Paroli bot, so verwundert dürfte er 1998 gewesen sein, als die Herren Kilchenstein, Müller, Nachtsheim, Walz und Breitschuh via Comic, das *Komplott gegen Berti!* (Stuttgart 1998), den unumstrittenen Herrscher und ehemaligen Turbotackler mit seiner lange verdrängten, genaugenommen geheimgehaltenen Vergangenheit konfrontierten. (Ähnlich argumentierte *Das geheime Tagebuch des Berti V.*, Köln 1998.) Vor nichts schreckten die fünf Komplotteure zurück. Mutig blickten sie der Wahrheit ins trübe Auge, und was sie ans Tageslicht zuzelten, bestätigt die grausamsten Befürchtungen: Berti, den wir ob seiner Ehrlichkeit und Geradlinigkeit schätzen lernten, verdankt Ruhm und Ansehen einem frühen biographischen Mißgriff, einer Winkelaktion der schändlichsten Art.

Wir referieren: Wie die klandestin agierende Faninitiative „Effe und Loddar müssen spielen!" durch exklusive Photodokumente beweisen kann, operierte der knochengrätschende „Terrier" in frühen Gladbacher Jahren als Eleganztechniker von Gnaden und Graden. Er lenkte, man schrieb das Jahr 1965, das Spiel der ganz jungen „Fohlenelf" mit weiten Pässen, die den „Geist der Utopie atmeten" (K. H. Bohrer, H. Böttiger, E. Bloch). Er verkörperte jenen Genius, dessen Rolle das Langhaar Günter Netzer gepachtet hatte. Der indes schmorte, festgepflockt, auf der harten Ersatzbank.

Seine Chance erhält Netzer erst, da Vogts übertreibt. Der ist trainingsfaul, anmaßend, eitel, hält Trainer Weisweiler zum Narren und läßt ihn einen guten Mann sein – bis er, Berti, ihm, dem Coach, den verhängnisvollen Effefinger zeigt und strafversetzt wird. Netzer steht Gewehr bei Stollenschuh und avanciert zum Heros. Vogts kann die Starkarriere vergessen, nunmehr hat er die Seitenlinie rauf und runter zu schnauben, statt stolz die Nummer zehn zu tragen.

Dreißig Jahre später rottet sich in der Mönchengladbacher Gaststätte *Zum Hirsch* ein Haufen harter Lothar- und Effenberg-Fans zusammen. Sie pochen auf die Nachnominierung der beiden besten bundesdeutschen „Kicker" (*kicker*) und spielen, um ihrer Forderung Nachdruck zu verleihen, dem drallen Reporter Töpperwien ihr belastendes Material zu. Töpperwien informiert die Geächteten, trifft sie an der Seine und veranlaßt, daß Vogts das Paparazzizeug in die Finger bekommt.

Vogts ist schockiert. Er fürchtet einen Skandal, die Idylle des beschaulichen WM-Zeltlagers scheint gefährdet. Schweren Herzens vertraut sich Vogts Pater Egidius Braun an, der ihm die Beichte abnimmt, seine schafstreuen Spieler während einer spontanen Weihnachtsfeier reich beschenkt und auffordert, die gewünschten zehn Millionen Mark Schweigegeld ranzuschaffen.

Das kathartische Unterfangen mißlingt. Die „guten Jungs" sammeln 95 Francs, und zu allem Überdruß drucken nach dem miserablen Auftaktspiel gegen die USA sämtliche Zeitungen besagte Snapshots. Doch es geschieht, womit der schamgebeugt bibbernde Vogts nicht rechnen durfte: Ihm schlägt eine Welle der Sympathie entgegen. Vogts gibt alles zu, Möller und Co. trumpfen auf und räumen ab. „Ausnahmsweise", spricht der geläuterte Chef, „dürfen die Ehefrauen fünf Minuten mit den Spielern allein sein", und eine rauschende Gallierfete beschließt den unerwarteten Triumphzug.

Derart macht sich Vogts' (erzwungene) Ehrlichkeit nach allen Seiten bezahlt. Das Halunkenduo Effenberg-Matthäus ereilt die gerechte Strafe sozialer Deklassierung, die Konspiration war kontraproduktiv – und damit höchst produktiv. Und das Schönste: Die düstere Sache findet im Glanze schieren Menschenglücks einen fast märchenhaft naiv beseligenden Abschluß.

„Fußball gleich Hoffnung", dekretierte einst Toni Schumacher. Er wäre gern dabeigewesen. Wäre es so gewesen.

Freilich tat uns Bundestrainer Vogts, die literarische Vision ignorierend, am 4. Juli 1998 den Gefallen, eine der zum Ende des betörend blöden Jahrtausends ungeheuerlichsten Weltverschwörungsthesen in die Runde des ARD-*WM-Studios* zu wuchten: „Ich unterstelle hier nichts, deswegen möchte ich mich auch nicht weiter zu diesem Schiedsrichter äußern. [...] Wir müssen nach Hause fahren, warum auch immer. Das haben andere Leute zu verantworten", schnaubte er nach der Viertelfinalniederlage gegen Kroatien an den sichtlich konsternierten Schnauzbart Waldemar Hartmann hin. „Das war schon in England so. Vielleicht ist der deutsche Fußball zu erfolgreich. [...] Ob es da eine Anordnung gibt, weiß ich nicht."

„Auch das 3:0", kokelte der dem Zwinger entlaufene Zwangscharakter und beängstigend angstbesetzte Kleinbürger ungestüm weiter, „war ein klares Handspiel. Auch das wollte man nicht sehen." Und der mit dem Schlußpfiff wegtretende Jürgen Kohler schnaufte noch auf dem Platz: „Für mich hat heute klar der Schiedsrichter verloren"; während Christian Wörns, der Rot bekommen hatte, laut Sat.1-Text vom 5. Juli „heulend" in der Kabine hockte und murmelte: „Der Schiedsrichter hat alles kaputtgemacht. Das ist doch Wahnsinn." Genau: Wahnsinn. Der für Verteidiger obligatorische Kamikazeirrwitz. 1958 brauste „Hammer" Juskowiak dem Schweden „Hamrin in die Beine und flog vom Platz" (*Süddeutsche Zeitung*, 18. Juni 1999), vierzig Jahre danach löste die identische Aktion den Niedergang aus.

Selbst am nächsten Tag um 14 Uhr auf der DFB-Pressekonferenz in Nizza sah Vogts „sehr, sehr seltsame Entscheidungen gegen die deutsche Mannschaft. Die anderen tragen das gelbe Trikot, wir tragen das weiße, das erfolgreiche."

Da wurde es sogar Tino Polster (DSF) zu bunt; er empfahl dem miserablen Verlierer, „nicht die fremden Mächte anzurufen, die den Schiedsrichter veranlaßt haben, so zu pfeifen." Wolf-Dieter Poschmann fragte unbeirrt: „Warum ist die deutsche Mannschaft ausgeschieden?" Wegen drei Gegentreffern vielleicht? Worauf sich der Mainzer Sportchef durch Marcel Reif (RTL-*Aktuell*) das Statement einfing: „Da wird so 'ne Dolchstoßlegende aufgebaut, sogar so Verschwörungstheorien [...], das ist hirnrissig." Ob Reifs Prognose „Es kommt auf den deutschen Fußball ein riesiges schwarzes Loch zu" aber klüger war? Und was klafft hinter dem schwarzen Loch? Ein Loch im Fuß des betrügerischen Vogts-Joghurtbechers (Gervais)?

Anmerkungen

1 Die Wahrheit ist (vgl. *Die Geschichte der Fußball-WM*, München 1990): 1970 bewies der angebliche Ehrenmann und Protestfußballer Netzer, was eine ordentliche Agententätigkeit ausmacht: „Günter Netzer, wegen eines Muskelrisses als Tourist und *Bild*-Kolumnist anwesend, geriet als Puma-Repräsentant in den Verdacht, den 'Schuhkrieg' in der adidas-beherrschten Nationalmannschaft mitgesteuert zu haben." Evtl. ein klein wenig wenigstens. Ob er aber aus Ärger über seine Nichtberücksichtigung gleich den Schiedsrichter des „Spieles des Jahrhunderts", Italien – Deutschland, mitnominiert und mitinstruiert hatte? „'Stan' Libuda kommt für den erschöpften Hannes Löhr. Dann schickt Helmut Schön für Verteidiger Patzke einen zusätzlichen Angriffsspieler aufs Feld: Sigi Held. Der Druck wird noch stärker, die italienischen Abwehrriesen wanken. Doch noch halten sie stand, wehren vor allem hohe Flankenbälle sicher ab. Und sie 'knüppeln', was das Zeug hält. Facchetti läßt er-

neut Beckenbauer über die Klinge springen, dann ist Uwe Seeler das Opfer. Schreiend liegt der deutsche Kapitän auf dem Rasen, zehn Meter vor dem Tor – das ist, das muß ein Strafstoß sein! Doch Yamasaki winkt: Weiter. Wolfgang Overath geht auf den Schiedsrichter los, muß mit Mühe zurückgehalten werden. Gerd Müller brüllt: 'Das Schwein betrügt uns!' Später werden die deutschen Spieler erfahren, daß Senior Yamasaki weder Japaner ist, wie sein Name auszusagen scheint, noch Peruaner, wie sein Paß besagt. Er lebt in Mexiko, jahrein, jahraus, und ist angeblich eng befreundet mit Guillermo Canedo, dem mexikanischen Verbandspräsidenten, dem wiederum enge Beziehungen zu Italien nachgesagt werden." Dreister ist noch keine Niederlage helmutschöngeredet worden. Selten aber hat sich ein Dichter schöner bei der metaphysischen Einfalt des Sportjournalismus bedient – Ror Wolf brezelte die Moritatstrophen hin: „es war ein Kampf wie aus den Heldensagen. / Gerd Müller stampft und Riva dampft vor Kraft. / Facchetti knüppelt völlig ungestraft. / Der Boden bebt. Es geht um Kopf und Kragen. // Der Catenaccio knirscht. Die Riesen wanken. / Mazzola fällt vor lauter Elend um. / Als Seeler blutet bleibt die Pfeife stumm. / Das hat man Yamasaki zu verdanken."

2 Dergestalt selbst den geübten mittelfränkischen Konkurrenten 1. FC Nürnberg eiskalt ausstechend? Dessen langjähriger und neben Max Morlock angesehenster Akteur, der Vorstopper Ferdinand „Nandl" Wenauer, memorierte in *Alle meine Trainer – Aufstieg und Fall des 1. FC Nürnberg* (Nürnberg 1972): Der unfaßbare Abstieg des amtierenden Deutschen Meisters durch das Nulldrei beim 1. FC Köln vom 7. Juni 1969 sei qua „Bestechung?" und Komplott bewerkstelligt worden: „Nicht uninteressant ist [...], daß wir uns trotz 8:4 Punkten aus den letzten sechs Spielen nicht mehr retten konnten. Verblüffend war, daß unsere unmittelbaren Rivalen in schöner Regelmäßigkeit unmöglich erscheinende Siege errangen. Bekannt ist, daß Borussia Dortmund unseren Torhüter Jürgen Rynio eingekauft hat, der im Nürnberger Schicksalsspiel – dem 2:2 gegen Dortmund – zumindest einen vermutlich haltbaren Treffer passieren ließ. Klaus Zaczyk äußerte sogar nach diesem 2:2 gegen Dortmund in aller Öffentlichkeit: 'Wenn unsere Prämien gestimmt hätten, wäre der zweite Treffer der Dortmunder von mir zu verhindern gewesen.'" Bekannt ist desgleichen, daß nur einer nach dem Schlußpfiff im Müngersdorfer Stadion lachte: Rynio. Dein Name sei Verrat.

3 Um eine Fußnote zu bauen. „Sei kein Snob. Lüge nie, wo die Wahrheit besser bezahlt wird", soll Dieter Burdenski geäußert haben. Überliefert sind Spielverabredungen und Schmiergeldzahlungen in heute ridikül anmutender Höhe. Während der Saison 1970/71, acht Jahre nach Gründung der Bundesliga und der Legalisierung des Berufsfußballs, flossen mal hier, mal da Summen um die 20.000 Mark – Bestechungen auf provinziellem Niveau, an denen sich vor allem abgehalfterte Vereine wie Schalke 04, Hertha BSC Berlin und der 1. FC Köln beteiligten. „Mit der Begründung des Profifußballs", deutete Gerd Hortleder (*Die Faszination des Fußballspiels*, Frankfurt/Main 1974) das peinliche Gewurstel, „wurden gleichzeitig die soliden Grundlagen geschaffen für jene Korruption im westdeutschen Fußball, die Ziel empörter Anklagen geworden sind." Weil „die gleichzeitige Professionalisierung der Funktionäre und Schiedsrichter unterblieb", war der „Weg zum Dilettantismus im deutschen Fußballsport geebnet." Konsequent bot sich die oberste Liga als Feld amateurhafter Verschwörungen an. Hortleder nannte den Bundesligaskandal „Ausdruck einer strukturellen Krise des Deutschen Fußball-Bundes". Klaus Schlegel, Chefredakteur

der *Neuen Fußballwoche* (DDR), glaubte gar, eine nordamerikanischen Mafiaumtrieben verwandte und längst manifest gewordene Verwesungstendenz ausmachen zu können: „Wie der Fußballsport verfault und parasitär wird unter kapitalistischen Bedingungen – das zeigt sich hier nur einmal mehr."

U. a. wurde im Juli 1971 zu Frankfurt dem Offenbacher Präsidenten und Gemüse- resp. Gurkenhändler Horst Gregorio Canellas, namentlich für Killeraufträge prädestiniert, der Prozeß gemacht; der „ehrgeizige Fanatiker" (Hortleder) hatte die Sache ausgeplaudert. O-Ton Canellas: „Am Montag wird die Öffentlichkeit ungeheure Dinge erfahren." „Unser Verein ist sauber", konterte Schalke-Vorsitzender Günther Siebert, und Waldemar Slomiany von Arminia Bielefeld, der „das Geld" im Strumpf stecken hatte, verriet: „Ich weiß von nichts." Während Egon Piechaczek, Ex-Trainer Bielefeld, erkannte: „Der Sumpf ist noch viel tiefer, als man glaubt", setzte Canellas nach: „Am Mittwoch wird die Öffentlichkeit ungeheure Dinge erfahren" – korrigierte aber später: „Am Samstag wird die Öffentlichkeit ungeheure Dinge erfahren." Das mächtige DFB-Gericht sperrte Kölns Torwart Manfred Manglitz und Herthas Tasso Wild (heute Vizepräsident des Club) und etliche Restposten mehr. „Auffallend ist", munkelte Hortleder, „daß keiner der großen deutschen Fußballstars aktiv in den Skandal verwickelt ist. Beckenbauer, Netzer und Overath, Maier, Vogts und Müller verdienen zuviel, um anfällig zu sein gegenüber 25.000 Mark." Und passiv verwickelt? Oder geschickter, geübter gewesen?

Der Fernsehmann Dieter Gütt geißelte global den „kriminellen Unsinn, der sich Fußball nennt", und Hortleder unterstrich, daß die Ehrenamtlichen „dem Zugriff ordentlicher Gerichte entzogen" seien – ideale Bedingungen fürs Gaunermilieu des „schmierigen Funktionärs" und habituell wirtschaftskriminellen Verwaltungsmenschen. Daher, folgen wir Hortleder, gipfelte die Verschwörung gegen das schöne Spiel nicht im „Skandal" selbst, sondern in nachfolgenden Vertuschungen seitens der strafmaßfestlegenden Fußballbehörde: „In sehr geschickter Weise ist es bislang sowohl den Institutionen des Fußball-Bundes als auch den ehrenamtlichen Funktionären selbst gelungen, ihre eigene Rolle in diesem Skandal zu verniedlichen auf Kosten der betroffenen Spieler. Vergessen wird dabei meist, daß der Plan zu fast allen manipulierten Spielen von Funktionären erdacht worden ist." Die Dimensionen loten noch tiefer (o. s. ä.): „Skandalös am Bundesliga-Skandal ist nicht zuletzt die Tatsache, daß sehr viele Funktionäre und Journalisten [...] bereits lange vor den Enthüllungen von Canellas von ihm wußten. Nahezu unverhüllt hatte beispielsweise der damalige Trainer von Eintracht Frankfurt, Ribbeck, im deutschen Fernsehen auf die mysteriösen Seriensiege der ebenfalls abstiegsbedrohten Mannschaften hingewiesen." Derart kindlich gehen hierzulande Verschwörungen vonstatten. Schlimmstes befürchtete Hortleder: „Bei der Auswahl und der Kameraführung mancher Bundesligaspiele frage ich mich schon heute: Verstehen die nichts vom Sport oder zuviel von der Werbung? Der nächste Bundesliga-Skandal zeichnet sich ab, und niemand wird sagen können, er habe ihn nicht kommen sehen." Und ein dem Verf. gut bekannter Hörfunkreporter behauptet, die Bälle gingen heute so oft kaputt, damit mehrmals pro Spiel auf Firmenembleme gezoomt werden könne.

Laut Hortleder lappt allerlei Fußballkorruption in die „Gesellschaft der Bundesrepublik Deutschland" hinein; laut Edwin Klein sind die übelsten Komplotte an der Tagesordnung. „Hinter den Kulissen wird mit allen Winkelzügen gekämpft. Doping, Spielabsprachen, Bestechungen und Schwarzgelder gehören zum Fußballalltag. Und

gespielt wird dabei nach den Regeln des Deutschen Fußball-Bundes und seiner Funktionäre", tönt der Klappentext von Kleins Anklageschrift *Rote Karte für den DFB – Die Machenschaften im deutschen Profifußball* (München 1994) und weiß: „Woche für Woche fasziniert der Bundesligafußball ein Millionenpublikum in den Stadien und vor den Fernsehgeräten – besonders, wenn es um die Weltmeisterschaft geht." Ähnlich kohärent geht es 500 Seiten lang zu. Klein ist Warner und Mahner, seine Thesen folgen dem Gesetz der selffullfilling prophecy. Man behauptet, prompt tauchen Hinweise auf. Ob sie sich mit der Realität berühren, bleibt nebensächlich. Der Gestus strebt ins schwindelerregend Spekulative, die „Fakten" stehen unsortiert nebeneinander. Jeder denke, was ihm behagt. „Genau hier beginnt die Gefahr – eigentlich hat sie schon bei der Weltmeisterschaft 1982 in Spanien begonnen, als Deutschland mit 1:0 gegen Österreich gewann und man von Schiebung sprach – denn eines darf nicht geschehen: daß sich ähnlich der Politikverdrossenheit auch eine Fußballverdrossenheit wie ein Virus ausbreitet. Aber die Verdrossenheit wird zunehmen" und nicht aufhören angesichts solch ruinöser Mixturen aus Zeugwartpopulismus, Sozialneid, Insidergekrähe und Boulevard-Romantizismus.
Fußballprofessor Michael Ringel hält „die ganze UEFA- und sogar FIFA-Forschung" für „Quatsch", Fußball sei ein simples Prozedere, und noch die jüngsten Großlumpereien des neuen FIFA-Präsidenten Blatter zeugen von lediglich schamloser Dummheit. Der DFB, größter nationaler Sportverband der Welt, mag ein Banditenclub sein, Kleins revolutionäre These, die „Geldspirale", ein Pendant zur gleichermaßen törichten Noelle-Neumannschen „Schweigespirale", lasse es immer verteufelter zugehen, erweitert lediglich den eigenen Wahn. Der Ernst der Enthüllungsliteratur befördert die bräsigmachende Tortur, zumal keine Vermutung tatsächlich belegt, kein „Zusammenhang" wirklich nachgewiesen, sondern in suggestive Zahlenkolonnen und etwaige „Verbindungen" fröhlich hineingemurmelt wird, bis der Absatz voll ist.
Die Akribie der Buchhalter und Hobbyschnüffler, jener, die vorrechnen, man müsse „bloß eins und eins zusammenzählen", endet bei der maßlos redundanten Mutmaßung. Folglich schürt Klein mehr, als daß er bewiese: eine DFB-gemachte Atmosphäre von Einschüchterung, Paranoia, „Angst". Das Machtzentrum, welches der DFB abgeben könnte, gleicht einem Zirkel heimtückischer Handlanger, einer Loge strengster Observanz, einer „Altherrenriege", die „Doping sanktioniert" und von einem Gremium der „Unscheinbaren" gelenkt wird. Wir trauen unseren Augen kaum: „Was niemand vermutet: Die wahren Mächtigen des DFB stehen seit Neubergers Tod nicht in der ersten Reihe [...]. Die wahren Mächtigen sind keine Präsidenten und, abgesehen von Mayer-Vorfelder, auch keine Vizepräsidenten. Die Mächtigen im Fußball sind nicht die Landesfürsten und nicht die Mitglieder des Vorstandes oder Beirats, sondern sie sitzen in der DFB-Zentrale in den einzelnen Direktionen". Trotz anderslautender Diagnose gehen „DFB-Funktionäre wie Mayer-Vorfelder [...] goldenen Zeiten entgegen, denn was die Zahl der Zuschauer betrifft, scheint es im Fußball wahrlich keine Limitierung zu geben." Die wahren Mächtigen „im Hintergrund" basteln derweil „die DFB-Donike-Connection": „Gewisse Substanzen darf oder will man im Fußball anscheinend nicht finden." Eine „dubiose Geschichte" jagt die andere, die Befunde erschüttern: Sabotage, Betrug, Hinterlist. Die wahren Mächtigen betreiben „Kinderhandel" und „Menschenhandel im DFB" und schüren die „Bundesligaseuche": „Bundesligavereine bekämpfen einander nicht nur auf dem Spielfeld, sondern auch außerhalb." Potemkinsche Dörfer, falsche Absichtserklärun-

gen, spanische Wände, Handgelder, schwarze Kassen, Liechtensteiner Konten, Veruntreuungen, „Unregelmäßigkeiten", „Mauern des Schweigens", Mauscheleien, verschobene Fernsehrechte, illegale Wetten, Tricks, „Deals", Abhöraktionen und Geheimabsprachen mit Spielervermittlern – es ist ein Tohuwabohu und Klein unterdessen neurotisch: „Man spricht von einer geheimen Welt des Sports", „the secret world of backhanders".
Sein Lieblingswort scheint „scheint": „Im DFB scheint ab einer gewissen Position jeder Funktionär und jeder Manager, sei er vom Verband oder von einem Verein, tun und lassen zu können, was er will. Hauptsache, die Öffentlichkeit erfährt nichts davon." Obwohl sie sehr gut weiß, daß Geheimniskrämerei zum guten Ton und Geschäft gehört.
Daß es bei der Lizenzvergabe nicht mit rechten Dingen zugeht („Lizenzturbulenzen") – bon. Daß Beckenbauer, Breitner, Rummenigge und Hoeneß einen maoistischen Trupp bilden, die „Viererbande" – sensationell. Daß Schalkes Klinikpräsident Günter Eichberg und Homburgs Manfred Ommer ... – ach Gottchen. Das „soll" (Klein) ja vorkommen. „Auf diese Art und Weise könnte das seitenlang weitergehen", gesteht Klein auf Pagina 404, und sein leidiger Kolportageschmutz findet doch kein Ende: „Der Kaffee drückt, das Mineralwasser schlägt auf die Blase, und als erster verläßt der Präsident den Raum, er muß auf die Toilette. Das ist das Startsignal. Kaum hat er die Tür hinter sich geschlossen, sprechen Spieler und Berater hektisch miteinander, ohne Rücksicht auf die übrigen Anwesenden." Wir müssen auch mal.

Triumph des Traumes
Eine tiefenhermeneutische Untersuchung

Schneller als *Bild* ist nichts und niemand. Bereits am 3. September 1997 druckte das Hochgeschwindigkeitsblatt erste Extrakte des neuen WM-Songs der bundesdeutschen Fußballnationalmannschaft. Zwar zeigt man sich vor allen anderen Teilnehmern erneut frühzeitig mental alarmgerüstet und auf höchster Ballhöhe, doch hat der DFB heuer hingelangt, ohne den traditionell volksliedgutlichen Charakter des leistungsfördernden Hymnus zu wahren, und dem verenglischten Titel „Running with a dream" irrigerweise den Zuschlag erteilt. Hallo, Otto-Fleck-Schneise, what's up? Welcher Gaul lief da schief?

Jahrzehntelang wurden musikalische Genies wie Tastentroll Udo Jürgens verpflichtet. Diesmal gehen Anna Maria Kaufmann und die geföhnte Quietschtöle Joey Tempest, Ex-Lead-Singer der schwedischen Fanta-Rocker Europe, an den Start, Komponist ist der Engländer Mike Batt. Gott sei Dank verantwortet wenigstens die substantielle Grundidee der Komposition kein anderer denn Hans-Hubert Vogts, *die* Butter läßt sich der alte Fuchs, wenn halt die gesamte Führungsspitze pennt, nicht vom Brot nehmen.

„Mit diesem Song sollen sich alle unsere Fans identifizieren", fordert der Bundestrainer laut *Bild*. „Er ist gleichzeitig Ansporn für unsere Jugend, weil er von einem Traum erzählt, der Wahrheit wird – wenn man für den Erfolg hart arbeitet."

Bei allem Respekt – geht das? Kann Musik eines Trauminhaltes gewahr werden, welcher als Wahrheit Gestalt annimmt, sobald die Hörer für ihn, den Traum, der sozusagen unbewußt, unwillentlich über sie hereinbricht, bei vollem Bewußtsein zur Schaufel greifen?

Wir meinen: Jein! Und ja!

Warum?

„Wir spielen für einen Traum, / der tief in uns brennt", lautet der Beginn, „laßt euch von niemandem unterkriegen, / laßt euch diese Chance nicht entgeh'n!" Gewiß, der konsistente Appell an Sportsgeist und Siegeswillen unserer Auserwählten dürfte, unmißverständlich, wie er ist, kaum zu überbieten sein. *Kaum*! Schon die nächsten fünf Zeilen ergänzen den furiosen Einstieg, die flammende *Introduction*, um eine offenherzig reflektierende Explikation und nicht zuletzt eine das heute zumal bei Fußballern oft mürbe Gedächtnis stützende Rekapitulation des Vorherigen: „Wir spielen für einen Traum." Bon. „Nur wir können zeigen, wie weit / dieser Weg führt", nicht bis an den Ural, nicht übern Brenner nach Bozen und Boston, nicht in die Wüsten des afrikanischen Kontinents, „dieser Weg führt, / und was es bedeutet, / für einen Traum zu spielen." Roger. Keine Einwände.

Nun folgt jedoch der eher prosaische, der moritatenhafte Teil, ein Part von ausgemachter Berti Brechtscher Lakonie im Gestus der Selbstbefragung und -vergewisserung des modernen Profis als eines Wesens, das mit dem Druck des Siegenmüssens, dem Neid der Nächsten, den Medien und dem ganzen Kram tagein, tagaus auch zu kämpfen und sein Scherflein zu tragen hat: „Manchmal scheint es, als stehst du ganz oben, / dann will jeder etwas abhaben vom Erfolg" – mjamm, mjamm – „manchmal stehst du mit dem Rücken zur Wand, / doch davon will dann keiner 'was hören."

Und, gehört? Davon will keiner „'was" hören! Wow, 'was?!

Leider verliert sich im weiteren Verlauf die anfänglich kraftvolle, suggestiv komprimiert konsequenzlogische Immanenz des Stückes. „Wir haben hart trainiert, sind weit gekommen, / wir geben nie auf", jodelt unser Librettist noch, macht den chancenlos hergereisten Konkurrenten auch klar, auf welcher Seite gefälligst die Tore fallen: „die Welt wird uns sehen, wie wir sind", aber ohne Einschränkung und Aber –;

dann indes der Satz, die Sentenz: „doch wir spielen für einen Traum, / der tief in uns brennt." Liegen wir richtig, wenn wir behaupten, es schleiche sich hier plötzlich eine Spur Verzagtheit, Versagerangst, ja Feigheit ein, vorbauend dem bloß ersonnenen und nimmer statthabenden Titelgewinn, dergestalt das zu erwartende frühe Ausscheiden ummünzend in einen vielmehr stillen Triumph des Willens? Als Triumph des Traumes?

Soll so 'was die Jugend begeistern? Ein Traum, dessen Wahrheit die Niederlage ist? Arbeiten für Nüsse? Um hinterher auf dem ollen Ladenhüter von Loserlied hockenzubleiben?

Herr Vogts, retour! Herr Braun, ein neuer Kampfchoral muß her! Sonst wird das nix.

Wenn es kracht, Señorita, irgendwann in der Nacht, haben wir zwei im Bettchen wieder Wunder vollbracht / [...] Wenn ich morgen versage, stellt der Trainer mir Fragen.

Udo Jürgens

Recken und Betten
Wo liegt der G-Punkt? Und wann ist er überschritten?

Erörterungsspezialist in Sachen ehe- und außerehelichen Geschlechtsverkehrs bei Fußballern ist Max Merkel. Merkel liebt die feurigen Seiten des Lebens, den Heurigen, den Schmäh und die Has'n. Folglich pflegt er hinsichtlich eines so heiklen wie delikaten Themas, ob Auswahlspieler dann, wenn sie sich um den Titel des weltbesten Teams bewerben, mit ihren Frauen intim werden dürfen, sehr spezielle, nicht unbedingt mehrheitsfähige Ansichten. Den gnadenlosen Triumph Österreichs über seinen Nachbarn Bundesrepublik Deutschland (WM 1978) führte er auf folgenden Tatbestand zurück: „Schadet Sex dem Sport? Die Österreicher brillierten in Argentinien auch im Bett, und es schadete ihrer Kondition nicht. Es waren die eigenen Ehefrauen, die ihnen die kalten Pampa-Nächte aufheizten. Die legitime Sex-Orgie finanzierte eine österreichische Sparkasse: 'Wenn unsere Kicker auch nur eine Runde weiterkommen', verkündete sie stolz, 'schicken wir die Spieler-Frauen auf unsere Kosten nach Argentinien.' [...] So war die österreichische Nationalmannschaft die einzige in Argentinien, die sich in Sachen Liebe nicht kasteien mußte. Entspannt und locker spielte sie im letzten Spiel die Deutschen mit einem 3:2-Sieg an die Wand."

Coach Merkel beliebte seine Kerle zu fragen: „Na, Bursch'n, welche Has'n wer' ma denn heut' Nacht vernaschen?" Denn „Sex spielt beim Fußball eine große Rolle. Sepp Maier sagte einmal: 'Wenn's mir bis oben steht, kann ich mich nicht konzentrieren.' Als Spieler zerbrach ich mir nicht den Kopf darüber, ob der 'Abschuß' eines Has'n sich auf mein Ballgefühl am nächsten Tag auswirke. Als Trainer riet ich meinen Kickern immer: 'Der Montag ist der Tag des Herrn', da war Zeit genug, sich bis zum nächsten Spiel zu erholen. Ob's vor dem Spiel schadet oder nicht, darüber zerbrechen sich die Fußball-Weisen schon lange den Kopf. Sicher ist nur, während dem Match ist es besser, man denkt an den Ball."

Merkel erinnert sich gerne an Nächte voller „Sex-Seligkeit" und an jene Sechziger-Tage, da Rudi Brunnenmeier ordentlich hinlangte, Tore schoß und sogar für einen Witz gut war: „Sex war auch für den berühmtesten Torjäger der Münchner 'Löwen', Rudi Brunnenmeier, was für Düsen-Jets Treibstoff ist, aber trotz seines lockeren Lebenswandels war Rudi bei den Münchnern Hahn im Korb, da gab es den Witz: 'Kommt ein Bub zu seinem Vater, der Löwen-Anhänger ist und beim Training zuschaut. Der Bub stottert: 'Papa, der Brun..., der Brunnenmei..., der Brunnenmeier ...' Schimpft der Vater: 'Na nun sag's schon endlich!' Der Sohn: 'Der Brunnenmeier ist bei uns zu Haus' bei der Mutter im Schlafzimmer!' – 'Gott sei Dank', sagt der Vater beruhigt, 'ich dachte schon, er ist verletzt!'"

Dennoch stören Frauengeschichten zumindest das Vereinsleben. „Helmut Schön", erläutert Merkel, „erlebte es nicht, wenn irgendein Spieler im Hotel einen Has'n aufs Zimmer schmuggelte und der Trainer beim Kontrollgang mitten in die Bumserei platzte. Alltag im Fußball ist tödlich, den Alltag hat Schön nie kennengelernt, er erlebte es nicht, wenn sich Frauen der Stars im Clubhaus in die Haare gerieten." Auf internationalem Parkett präferiert Merkel Geschlechtsakte, weil sie die Leistungsträger „zu wilden Stieren machen. [...] Gewinnen die Burschen danach, ist es gut, verlieren sie, haben sie vorher wenigstens ihr Vergnügen gehabt."

Frohes, einiges Österreich, zerstrittenes Deutschland! Rudi Gutendorf, selbst diplomierter Schürzenjäger (auch „Miss Chile" war „dabei"), verbot zu seiner Zeit bei Tennis Borussia Berlin ausdauernde, weil leistungshemmende Bettaktivitäten und fand später in Lothar Matthäus einen Bündnisgenossen. „Ein Tor und das Gefühl danach", widersprach jener 1990 Widersacher Klinsmann, „das kann man doch nicht mit Sex vergleichen! Höchstens mit dem Salz in der Suppe." Und zur Damenfrage bezog Matthäus eine von edler Nüchternheit gekennzeichnete Position: „Es war bei der WM 1990 in Italien toll vom Franz, daß er die Frauen mitreisen ließ, es war sogar unheimlich wichtig. Sie haben einen Großteil dazu beigetragen, daß die Stimmung so gut war. Bei unseren Frauen kamen wir immer wieder auf andere Gedanken. Weg vom Fußball, Ruhe finden beim vertrauten Partner. Dadurch wurden viele Probleme gar nicht erst in die Mannschaft reingetragen. Aber weniger toll war die Unterbringung unserer Frauen in einem Hotel ohne Swimmingpool. Und im Stadion hatten sie am Anfang schlechte Karten."

Wie anders war es dagegen 1994 hergegangen! Berti Vogts führte das Regiment eines Verständnisvollen, und zum Dank turnte auf seiner Nase eine Reihe der Auserwählten und während des Hinflugs, so will es die Überlieferung, Martina Effenberg auf dem Schoß ihres Gatten herum. Womöglich ist die bei Großturnieren übliche „Kasernierung" (Toni Schumacher) zuallererst Ursache diverser Mentalzwirbel und absonderlicher Verhaltensweisen. Schumacher plädierte deshalb 1986 für seitens des Deutschen Fußball-Bundes zu organisierende käufliche Liebe im Quartier (vgl. unser Kapitel Vierzig Jahre Verschwörung). Franz Beckenbauer schüttelte darob den schütteren Kopf: „Ich zitiere das nur, um darauf aufmerksam zu machen, daß der Sex nicht nur bei den Medien, sondern auch bei Spielern zu absurden Vorstellungen führt. Vielleicht wurde es in einer Phase von Hormonstau geschrieben."

Laut *BamS* vom 19. November 1995 hatte Nachfolger Vogts „alles im Griff – nur die Frauen nicht [...]. Ärger hat es [...] in einem Ausmaß gegeben, das bislang der Öffentlichkeit auch nicht annähernd bekannt war." Den besorgten Bundestrainer klingelten „Zwist und Streit" säende Gattinnen „nachts um halb zwei" raus. Sie „führten sich auf, als wären sie allein auf der Welt", heißt: am Planschbecken des *Drake-Hotels*, wo weder gemauselt noch geschmökt und gespachtelt werden durfte. „Sie ignorierten die Verbotsschilder ganz einfach. Sie qualmten wie die Schlote, aßen am Rande des Pools." Und verführten später ihre Luschen.

Der ehrlichste Chronist zahlloser WM-Skandale, Toni „Harald" Schumacher, berichtete schon über das Vorbereitungscamp am Schluchsee, 1982, durch Paul Breitners Barexpeditionen als „Schlucksee" bekannt geworden, der fürchterliche „Alptraum" voller Unprofessionalität und purer Exzeßlust sei von aberwitziger Hemmungslosigkeit gewesen: „Andere", jene, die nicht wie Paule soffen, „bumsten bis zum Morgengrauen und kamen wie nasse Lappen zum Training gekrochen."

Jupp Derwalls Führungsstil war einfach zu lasch. „Die wenigsten Spieler", deutete Jupp Heynckes die berühmten Eskapaden im Zuge der Mini-WM 1980/81, „sind reif und verantwortungsbewußt genug, kleine und kleinste Freiheiten nur in dem Rahmen zu nutzen, der der Leistung nicht schadet." Man gibt ihnen den kleinen Finger, und sie nehmen das ganze Weib. Heynckes, der heutige Hardcorepädagoge, kapitulierte allerdings frühzeitig vor der unveränderlichen Fußballermenschennatur: „Nächtliche Ausflüge wie die einiger Nationalspieler in Montevideo gibt es, seit der Fußball rund ist.“ Und Franz Beckenbauer erinnert sich: „Bei ihren nächtlichen Abenteuern wurden sie, eine Militärjunta nimmt es mit dem Schutz von Prominenten sehr genau, von Geheimpolizisten begleitet. Einer von denen zog eine Pistole und forderte von einem Mädchen 100 Dollar zurück: Ein Nationalspieler hatte im Gespräch mit Kollegen erfahren, daß für sie die Aufmerksamkeiten nur 100 Dollar gekostet hatten, während er 200 bezahlt hatte.“ Wer er? Dürften wir das vielleicht erfahren? Oder legt sich wieder mal der „Mantel des wohlwollenden Schweigens“ (Beckenbauer) über Ausbüxer und Pikanterien?

Aufgedeckt wurden die obligatorischen Lovetrips by night erst und obendrein zaghaft in den vergleichsweise libertären siebziger Jahren. Bis dahin – kein Schweinewörtchen, welche Fußballerautobiographie man auch zu Rate zieht. Bei Fritz Walter, Morlock, Rahn suchen wir vergeblich nach „Stellen“. Selbst Boß Rahns bekannte Rauschexperimente verstecken unsere allwissenden Insider immerzu hinterm spröden, jungfräulichen Anekdotensound. Es bedurfte der Herberger-Biographie des *Spiegel*-Redakteurs Jürgen Leinemann, um gänzlich unbekannte Aspekte des verklemmten, bigotten Teamgeistgeschwafels der fünfziger Jahre kennenzulernen: „Als die deutsche Mannschaft am 3. Juni [1962] in einem krampfhaften Spiel gegen zehn Schweizer mit 2:1 gewann, gab Herberger seinen Männern völlig unerwartet Ausgang bis Mitternacht. Sie durften sich, so Fritz Walter, nach Herzenslust amüsieren. Die Folgen beschäftigten den DFB noch ein Jahr später, als Herberger von dem Präsidenten des Deutschen Fußball-Bundes, Dr. Hermann Gösmann, einen Brief erhielt, der sich auf Berichte eines deutschstämmigen Publizisten in Chile bezog. Danach hätten einige deutsche Spieler an diesem Abend ein Freudenhaus aufgesucht. Herberger antwortete: ‘Was von meiner Seite dazu zu sagen ist, ist schnell gesagt. Wir waren in der dritten Woche unseres Aufenthaltes in der Militärakademie in Santiago. Am Abend nach einem Länderspiel [...] habe ich nach dem Abendessen unseren Spielern Stadturlaub bis Mitternacht gegeben. [...] Alle, die ausgegangen waren, sind – wie ich festgestellt habe – schon kurz nach elf zu Hause gewesen.’ Und was nun der Briefschreiber über ‘Entgleisungen’ einiger Spieler wissen und berichten wolle, das entziehe sich seiner

Kenntnis. 'So war er eben', pries ihn nachträglich einer der beteiligten Spieler, 'nach außen hin hat er uns immer abgeschirmt.' Er erinnerte sich genau, daß Herberger vier Spielern nach der Heimkunft gegen zwei Uhr nachts bei der großen Wäsche unter der Dusche zugesehen und gefrotzelt hatte: 'Na, Männer, Generalreinigung?'"

Der Krampf wird sich gelöst haben. Dienst nach Vorschrift verrichteten über Jahre hinweg wahrscheinlich die meisten anderen. Der Zapfenstreich ist die Eichmarke des Profis, dessen Herz am Vaterland und seiner Glorie hängt. Kein Bekenntnis gab Toni Schumacher inbrünstiger zum besten als: „Ich will Weltmeister werden." Musterprofi Bernard Dietz, noch heute Ikone des Duisburger Proletkultes und ein Musterbeispiel für den autoritären Charakter, der Erfüllung findet durch Drill und Gehorsam, ehelichte die Tochter jenes Wirtes, der die Vereinsgaststätte des SV Bockum-Hövel führte – und hielt sich auch sonst bedeckt. Die Prüderie des bockehrlichen „Straßenfußballers" dürfte symptomatisch sein: „Wie sehr sich meine Befürchtungen zum Thema Spanien bewahrheiten sollten, ja noch übertroffen wurden trotz der Vize-Weltmeisterschaft 1982, wissen wir." Punkt.

Es kam noch dicker. Die teils diktaturbewehrte Südamerika-Connection (Chile 1962, Uruguay 1980/81, Mexiko 1986) zeitigte übelste Verhältnisse. Beckenbauer, selbst weithin zurückhaltend („Es ist äußerst fatal, wenn zwischen Leistung und Nachtleben ein ungünstiger Zusammenhang hergestellt werden kann"), verlor 1986 die Kontrolle über seinen Kader. Und weil erstmals etwa 130 Pressevertreter mitten im WM-Quartier untergebracht waren, flog die ganze Kiste auf. „Ein Unding!" krakeelte Uli Stein. „Zwar durften noch nicht einmal die eigenen Frauen in unserem Hotel wohnen, dafür aber die bundesdeutschen Klatschkolumnisten." Triebverzicht und Terror gingen Hand in Hand.

Toni Schumacher fand retrospektiv drastische Worte: „Ich bin auch kein Kostverächter, kann aber bei so wichtigen Turnieren wie einer WM meine Frau überhaupt nicht brauchen. Da verzichte ich auf Sex. Bin ja kein Gorilla. Über mein Liebesleben stülpe ich in dieser Zeit eine Käseglocke und denke fest an mein Ziel: Weltmeister, der beste Torwart der Welt zu werden." Die Kollegenschweine und die „Situation" hindern ihn daran. Er analysiert: „Die psychische und sexuelle Kasernierung vor und während der Turniere bedrückt mich vielleicht weniger als die meisten meiner Mitspieler. Die Gelegenheit, die Chance, vielleicht an die Weltspitze zu kommen, beherrscht vier bis sechs Wochen lang mein Leben." Dies Leben ist eins der hündisch härtesten. Warum also, wie oben angedeutet, „nicht käufliche Schöne einladen, die unter medizinischer Kontrolle stehen? [...] Lieber organisierte 'Liebe' als zusehen, wie die Jungs in die nächstgelegene Stadt flüchten und sich in irgendeinem üblen Puff Tripper, Maul- und Klauenseuche holen. Man stelle sich die andere Möglichkeit vor: Egidius Braun oder ein anderer Betreuer informiert uns, daß in der Hotelbar ein Dutzend hübscher Mädchen sitzt. Wer will, riskiert schon mal einen Blick, trifft seine Wahl oder auch nicht ... und kriegt hinterher eine schöne Penicillinspritze. Sex mit einem einzigen Restrisiko: zu Hause die Augen ausgekratzt zu kriegen."

Schumachers forscher Geist glänzt durch eine phänomenale pragmatische Wende: „Die augenblickliche Situation ist genauso absurd wie scheinheilig: leben wie die Mönche, aber das Maul aufreißen und protzen mit dem 'Aufreißertalent'. Dabei können Nationalspieler Frauen finden wie Sand am Meer. Wem seine Manneszierde schon steif vorausgeht, dem ist es ganz gleichgültig, wie er die Dame in seine Federn bekommt. [...] Hauptsache 'erleichtert'." Erzfeind Uli Stein pflichtete Schumacher ungewollt bei: „Derart angeheizt, flogen wir nach Mexiko, wo die siebenwöchige Lagerhaltung mit der totalen Entmündigung der Spieler den idealen Nährboden für eine aufsehenerregende Provinzposse bilden sollte." Ausgang bekannt.

Der Übervater aller bundesdeutschen Torhüter seit 1966, Sepp Maier, nahm, anders als Marx Merkels Bemerkung vermuten läßt, dem schwelenden Großkonflikt die Luft aus den Lenden. Obschon Franz Beckenbauer einiges andeutet hinsichtlich eindeutiger Ausflüge von „Sepp Maier und Uli Hoeneß während der WM 1974 in einem VW-Bus mit defekten Bremsen [...] nach Hamburg", rückte der Münchner Spruchbeutel bereits 1970 die Maßstäbe des Trainingslagerlebens zurecht: „Die vielbeschworenen Sexprobleme sind nur ein Thema für Hausfrauenkränzchen. Man trainiert den ganzen Tag: Da ist die Kraft ohnehin raus."

Passioniertere Stecher, Jimmy Hartwig etwa, sahen's differenzierter. Von Scham hielt der frivole HSVler, „nicht gerade ein Mustergatte" (Sepp Maier), nichts. Er berappte nach einem Urteil des DFB-Sportgerichts (2. Mai 1977) 500 Mark dafür, nach der Begegnung zwischen Waldhof Mannheim und dem TSV 1860 München am 10. Oktober 1976 dem Publikum sein „Teil" präsentiert zu haben. In Ernst Happel besaß er später einen Coach, der ihn verstand: „Trainer Ernst Happel versteht auch, daß ein Spieler nach vierzehn Tagen Trainingslager Schweißausbrüche kriegt, wenn er eine Frau sieht." „Während seiner Münchner Zeit", erzählt Sepp Maier, „zog er meist mit einem Mädchen aus seiner Schwabinger Stammdisko von dannen. Damals war Jimmy allerdings zu schnellem Handeln gezwungen. Kaum war er aus der Tür heraus, erschien bereits Trainer Heinz Lucas in der Diskothek. Lucas unternahm fast jeden Abend seine Kontrollgänge durch die Münchner Vergnügungsszene. Daß er sich bisweilen auch dabei vergnügte, kann ja wohl angenommen werden."

Sämtliche deutschsprachigen WM-Bücher schweigen sich aus, was wann wie geschehen sein könnte. Ihre Autoren folgen der Freudschen Einsicht, Dauervollrohrpflöckeln münde in Regression und Kretinismus. Dumm ficke gut, orakelt dessenungeachtet der Volksmund, und zumal Fußballer dürften von Bedürfnissen geplagt werden, die befriedigt sein wollen. Selbst *FAZ*-Schmock Dirk Schümer gibt mittlerweile zu bedenken: „Sportwissenschaftlich ist die Säftelehre längst überholt und statt dessen erwiesen, daß Intimität die Effizienz nicht behindert." Um einzuschränken: „Doch nur die grundlegende Erfahrung, wenigstens symbolisch ein abgeschlossenes Kollektiv zu sein, nährt die Emotion, die eine Mannschaft für den Erfolg braucht."

Aus der afrikanischen Lage, ja „Perspektive" stellt sich der komplexe Sexsachverhalt letzthin einfacher, simpel dar. Laut *kicker* vom 23. April 1998 soll Nigerias Mittelfeldregisseur Jay Jay Okocha die Meinung vertreten: „Wir brauchen Sex vor dem Spiel, das macht uns stark." In ähnlicher Richtung hatte Anfang der neunziger Jahre Lothar Matthäus geurteilt, da er auf irgendeinem Airport dieser kleinen globalen Welt vor den Frauen der bundesdeutschen Volleyballnationalmannschaft die Information streute, sein Teamkollege Adolfo Valencia habe „sooo" einen Langen – oder auch den Allerlängsten.

Exakt auf den G-Punkt brachten die Angelegenheit, Jürgen Klinsmanns ominöse Vorstellung untermauernd, der Torschuß sei orgastisch wertvoller als die andere Sache da, indes wieder nur Oberspezl Merkel Max („Wichtig ist das Training, ein Fußballer muß beim Bumsen aufs Tor fit sein") und der dreimal verheiratete „Fuchs" Helenio Herrera, der dem Spielerweib befahl: „Halte dich vom ehelichen Verkehr zurück, denn dein Mann hat verantwortliche Pflichten. Mit dreißig ist er als Sportler am Ende, nicht aber als Mann. Dann kannst du mit ihm machen, was er will" – und dem Aktiven ins Stammbuch schrieb: „Die

Frau ist der Teufel. Die Arbeit des Fußballers ist allein das Fußballspielen. Der Rest ist unseriös."

Basta, Ende der Diskussion.

Irgendwann würde ein wirklich knochenharter Trainer jedesmal, wenn seine Mannschaft am Zug war, das lederne Ei zwischen die gegnerischen Torstangen kicken lassen und nie mehr ein Spiel verlieren.

Charles Bukowski

Auf der Suche nach der Weltformel
Ein Essay von Gerd Fischer

Für die idiotischsten Einlagen beim allgemeinen deutschen Sportfernsehen ist mittlerweile das ZDF zuständig. Im *Aktuellen Sportstudio* zelebriert, wöchentlich rotierend, die infernalische Moderatorenquadriga Poschmann, Cerne, Kerner und Steinbrecher die Mainzer Postmoderne. Beschienen, aber unbeeindruckt vom Aufklärung verheißenden guten Mond der traditionell die Sendung antickenden großen Uhr, deren strahlend weißes Blatt weder Ziffern trägt noch sonstige Zugaben aus dem Reich des Schnörkelterrors, versuchen sie mit den geläufigen Quasselornamenten die biedere Sportwelt zu toupieren.

Als Juniorputto des telebarocken Rankenwerkes tritt Michael „Wuschel" Steinbrecher auf. Wie der Jugendpfarrer im Zeltlager seine Schutzbefohlenen geht er die Gäste an, fuchtelt und dirigiert, faltet und reibt sich bigott die Hände, senkt verständnisvoll das gelockte Haupt, biegt sich und scharwenzelt, gibt Kenntnis vor und heuchelt Interesse, nur um im geeigneten Moment – immer gut Freund, man kann ja nie wissen – das Gespräch abzuwürgen.

Kurz nachdem im Spätsommer 1998 auf Malta die Systemkrise ausgebrochen war, empfing Wuschel in Sachen Auf- und Erklärung den Fußballtrainer Ralf Rangnick, seinerzeit erfolgreich beim SSV Ulm tätig. Rangnick, ein phänotypisches Cleverle, Schlaumeierbrillenträger gleich dem grünen Haushaltsexperten Oswald Metzger und auch sonst dem gebürtigen Politoberschwaben nicht unähnlich, sollte die Systemfrage klarstellen helfen. Vielleicht könnte ein Tüftler aus dem Land der Patentanmelder den deutschen Fußball retten; möglicherweise gäbe das *ASS* die Initialzündung für eine Systemveränderung, eine deutsche Fußballrevolution, initiiert und serviert von Michael W. Steinbrecher.

Eine Tafel stand bereit, mit Abreißpapier bespannt. Fette Eddings lagen herum. Wuschel wollte es diesmal genau wissen, rieb die Flossen und trieb Rangnick an. Der, Asket vom Scheitel bis zur Sohle, Ruhepuls vermutlich 42, fand die Angelegenheit zunächst leicht peinlich. Dann startete er jedoch mit der unerschütterlichen Klugscheißermiene des Klassenbesten durch.

Rangnick malte Punkte, zog Pfeile dazwischen, erklärte, setzte neue Tupfen, legte weitere Vektoren an. Steinbrecher hob nachdenklich die Brauen, und über seinem Wallschädel brummte die Kumuluswolke des schweren Bescheidwissens. Ballorientierte Gegnerdeckung, verschieben, Überzahl in Ballnähe, die Räume eng machen. Viererabwehrkette sowieso. Ist doch logisch. Ja, das könnte der Nationalmannschaft helfen. Warum nicht, beim SSV Ulm klappt alles wunderbar. Aus der verpatzten WM müßten schließlich Lehren gezogen werden. Sämtliche Jugendteams des VfB Stuttgart spielen so, nur die erste Mannschaft verweigere sich. Im Halbrund der Studiotribüne rauchten die Köpfe.

Beckenbauer hatte wohl leider ausnahmsweise recht. „Dieses Gerede über Systeme“, dekretierte er am 21. Dezember 1998 im *kicker*, „alles Blödsinn, alles Käse!“ – und servierte nur noch älteren Käse. Denn schon Dekaden zuvor hatte Cesar Luis Menotti, der Napoleon Bonaparte zum besten Trainer der Geschichte erkor, die rhetorische Frage gestellt, was die „Rederei vom 4-3-3 oder 4-4-2 oder 4-5-1“ eigentlich soll. „Nur eine Mannschaft, die mehr auf Offensive setzt als auf Defensive, kann es letztlich zu etwas bringen.“

Was aber lernte Menotti von Napoleon? „Er ließ sich immer wieder etwas Neues einfallen und konnte seine Truppen anfeuern wie kein Zweiter. Er hatte Fortune und ein Konzept.“ Über ordentlich Massel verfügte Menotti bekanntermaßen 1978 im WM-Finale, das seine Leute gegen die Auswahl der Niederlande nach Verlängerung 3:1 gewannen. Hätte nämlich ein paar Minuten vor dem Abpfiff beim Stand von 1:1 Fortuna den Spann Rob Rensenbrinks geküßt, wäre der Ball vom Innenpfosten ins Tor gesprungen und nicht zurück aufs Spielfeld. Oranje-Trainer Ernst Happel nahm's gelassen: „Im Fußball liegen Glück und Pech dicht beieinander.“

Happel hatte leicht reden, schließlich gelang ihm eine überaus erfolgreiche fußballsystematische Neuerung. In Zeiten, da der Mann mit dem Gesicht, das, erkannte der Journalist Horst Vetten, stets wirkte, als habe bereits jemand darin geschlafen (allerdings klaute Vetten das Bild einem amerikanischen Filmjournalisten, der es für Walter Matthau gebrauchte), noch gegen den Ball statt gegen die Werbebande trat, erfand er, so die

Sage, den Libero, also praktisch Beckenbauer – natürlich nicht vollends; kurz nach dem Zweiten Weltkrieg spielte der freie Mann bei Rapid Wien extrem weit hinter der Abwehr, und die Herren Binder, Pesser und Happel sahen sich nicht daran gehindert, mit ihrem „brasilianischen System" zu protzen. Außerdem konnte der Erfinder des Pressing, dieses eroberungssüchtigen Angriffs auf die Gegenspieler schon in deren Hälfte – „zerschlagen, was noch gar nicht entstand, und sich dann selber entwickeln" (Happel) –, Menotti auch napoleonisch einiges vormachen.

Happel hatte im Gegensatz zu Menotti ein Konzept gegen den ärgsten aller Bluthunde gefunden, Claudio Gentile, Verteidiger von Juventus Turin und der italienischen Nationalmannschaft, ein Mann, der stets den Eindruck erweckte, als verstecke er Klappmesser und Schlagring in der Innenhose und unter der Zunge Rasierklingen. Gentile allein holzte Menottis Team während der WM 1982 aus dem Wettbewerb und grätschte dem Meister förmlich in die taktisch-ästhetischen Weichteile. Der gemeine Hund kümmerte sich derart fürsorglich um Maradona, daß der Bannerträger des Offensivkonzepts knickte wie ein Halm im Wind. Ludger Schulze (*Trainer – Die großen Fußballstrategen*, München 1989) berichtet: „Gezielt trat er den Wunderknaben nieder, sezierte ihn förmlich wie ein Schlachter das Vieh – gedemütigt, gepeinigt vom Schmerz und außer sich vor Wut sank Maradona in den Rasen und mit ihm die Idee vom schönen Fußball." 2:1 zugunsten Italiens.

Dabei wäre es so einfach gewesen. Hat sich der Bluthund einmal in sein Opfer verbissen, läßt er nicht mehr locker. Das wußte Ernst Happel und schickte ein Jahr später im Europapokalfinale HSV-Linksaußen Bastrup zum Sturmlauf auf den rechten Flügel. Gentile schnappte zu, im Turiner Strafraum tummelten sich zwei linke Verteidiger, und auf der rechten Abwehrseite lag das Spielfeld brach für Hamburger Vorstöße. Wieder entschied Gentile ein Spiel. 1:0 Magath.

Doch Menotti, der 1978 davon sprach, seine Spieler hätten „die Diktatur der Taktik und den Terror der Systeme besiegt", erwischte es noch schlimmer. Sein ideologischer Erzfeind, Carlos Bilardo, gewann mit der argentinischen Nationalelf in Mexiko 1986 den Weltmeistertitel, und Diego Maradona höchstpersönlich, quasi Menottis Ziehsohn, versetzte ihm den Todesstoß. Nach dem Endspielsieg verkündete er: „Unter unserem heutigen Trainer spielen wir zwar einen anderen Stil als unter Menotti. Aber der ist wenigstens auch ehrlich." Utopie ade, es lebe die schnöde Wirklichkeit und die erfolgreiche Bewältigung der Sachzwänge. „Menotti ist widerlegt. Diesen Triumph in Mexiko widme ich auch ihm.“

Im Wettstreit der Systeme behielt, wie so oft, die Betonfraktion die Oberhand. Der südamerikanische Gentile, Doktor Carlos Bilardo, der – wieder war Ernst Happel involviert, diesmal auf der Trainerbank Feyenoord Rotterdams – als Verteidiger von Estudiantes de la Plata im Weltcupfinale 1970 seinem niederländischen Gegenspieler die Brille heruntergerissen und am Boden zertrampelt hatte, löste die Aufgabe WM-Titel mit dem Rechenschieber. „Ich verfolge diese Art zu spielen schon seit 1970, als ich noch selbst aktiv war. Ich wurde deshalb zwar immer kritisiert, aber ich bin damit immer Erster oder Zweiter geworden“, pflegte er zu sagen und stellte 1986 zwar nicht, bei Estudiantes in den sechziger Jahren üblich, zwei Liberos auf, sondern begnügte sich mit einer Viererkette und zwei zusätzlichen Manndeckern. Vorne sollten es der liebe Gott und Maradona richten, und die rechte Hand Gottes richtete es, nicht nur gegen die Engländer. Man glaubte, eine Zeitreise zum Betonturnier 1962 nach Chile unternommen zu haben, in dessen Verlauf 4-5-1 die beliebteste Formation darstellte, was auch Ror Wolf so sah: „Es gab zum Beispiel achtmannstarke Mauern, / und beinah alle Stürme waren flau, / sie fingen sich im Abwehrdrahtverhau / von Haxenklopfern und von Knochenhauern.“

Allein, kein WM-Titel ohne Leute wie Maradona, da hilft nicht Beton, nicht Napoleon. Kommt es also tatsächlich lediglich darauf an, „die ersten Geiger“ (Otto Rehhagel) in den eigenen Reihen zu wissen? Und hatte Ernst Happel recht, wenn er behauptete, der Fußball gerate „immer primitiver“ – „von Jahr zu Jahr. Weil die großen Figuren, die großen Spieler immer weniger werden“, die Maradonas, Pelés, Cruyffs und Beckenbauers. Nicht ganz, verdeutlicht das Beispiel Pelé. Es gibt ja noch Systeme.

Den „Spieler des Jahrhunderts“ (Menotti) bemühen beide, Menotti und Bilardo; der eine, um die Schönheit als Zweck des Spiels zu lobpreisen, der andere, um utilitaristisch auf den Erfolg zu verweisen: „Das einzige, was im Fußball zählt, ist das Ergebnis. Wenn man auch noch schönen Fußball bietet, ist es um so besser. Das sagt auch Pelé.“ Und der muß es wissen. Schließlich war Edson Arantes di Nascimento beteiligt, als 1958, so der kluge Fußballehrer Dietrich Weise, die „wesentlichste Systemänderung im modernen Fußball“ vollzogen wurde. Aber Pelé spielte gleichfalls 1966 die Hauptrolle, da die Trainer eines begriffen:

Will man nicht untergehen, ist zuvorderst von Belang, der gegnerischen Mannschaft das spielerische Herz zu entreißen.

Kein Wunder übrigens, daß Weise die moderne Systemreform gerade 1958 in Schweden glaubte ausmachen zu können. Im torreichsten Finale der WM-Geschichte blamierten die Brasilianer den Gastgeber mit 5:2, und Frankreichs Stürmerstar Juste Fontaine erzielte während des Turniers vierzehn Tore, bis heute Weltrekord. „Überall auf der Welt, wo Fußball gespielt wird", wer möchte Weise widersprechen, „ist es das Ziel, Tore zu schießen und Tore zu vermeiden. Dieses eigentümliche Dilemma ist nur zu unterlaufen, wenn man sich vornimmt, lieber fünf Tore zu schießen, falls man schon vier hinnehmen muß."

Vicente Feola, der dicke Mann an der Spitze des brasilianischen Teams, löste das eigentümliche Dilemma systematisch. Er stellte vier Abwehrspieler auf eine Linie, setzte ins Mittelfeld zwei Mann und ließ vier schnelle Leute stürmen. „Retreating defence" nennt Fachmann Karl-Heinz Heddergott (*Neue Fußball-Lehre*, Frankfurt/Main 1973) rückblickend diese Staffelung. Wie auch immer – das hatte es vorher nicht gegeben. Man nutzte die Angriffsräume in der ganzen Breite des Spielfeldes, das Mittelfeld wurde schnellstmöglich überbrückt und die Abwehr massiert. Das Spiel machten drei Könner, die uns Ludger Schulze ausführlich vorstellt: im Mittelfeld Didi, „ein genialer Regisseur und wahrer Gentleman am Ball", auf dem linken Flügel Garrincha, „der ein X- und ein O-Bein hatte und bei seinen Dribblings aus dem jeweiligen Verteidiger einen Narren machte", und vor dem gegnerischen Tor Pelé, der siebzehn Jahre alte Zauberlehrling, dem einfach alles gelang. „In hohem Bogen war der Ball in den Strafraum geflogen, wo der Junge mit dem Rücken zum Tor stand und die Kugel auf dem Oberschenkel landen ließ, als sollte sie dort festwachsen. Hinter ihm kamen zwei schwedische Abwehrrecken angestapft. In dem Moment, in dem sie den dunkelhäutigen Superfußballer erreicht hatten, ließ er den Ball auf den rechten Außenrist tropfen, worauf die Kugel mit Effet über die Köpfe der beiden Angreifer segelte. Pelé wand sich blitzschnell um seinen Gegenspieler herum und traf den Ball just in dem Augenblick, als der zu Boden fiel – ein Tor wie aus einem Lehrbuch, das bis dahin noch niemand geschrieben hatte."

Das Lehrbuch war bald verfaßt. Acht Jahre später wußten die Gentiles dieser Welt Bescheid, und die englische Presse brauchte keinen Teiresias, um zu prophezeien, was passieren würde: „Brasilien mag vielleicht ins Finale kommen. Pelé niemals. Die Zetchevs [bulgarischer Nationalspieler, d. Verf.] dieses Turniers werden es zu verhindern wissen." Morais übrigens hieß der Mann, der Pelé gnadenlos niederstreckte und Portugal den Einzug ins Viertelfinale bescherte.

1966 errang England den Coup Jules Rimet – dank Alf Ramseys „wingless wonder". Weil weit und breit kein neuer Stanley Matthews in Sicht war und auch Bobby Charlton links außen nichts zu reißen vermochte, verzichtete Ramsey einfach auf die wings. 4-3-3 lautete die Formel des Sir, strenggenommen dieselbe Formation, in der Brasilien 1962 ohne den verletzten Pelé noch einmal triumphiert hatte. Doch für Brasilien fintierte rechts der sagenhafte Garrincha, der beste Flügelstürmer aller Zeiten, damals in der Form seines Lebens, während die Engländer tatsächlich ohne echte Flügelstürmer agierten. Im sog. „Tortrichter" (Heddergott) errichteten sie ihren Abwehrblock und konterten überfallartig mit allen Spielern. Man munkelt obendrein, daß Ramsey gar kein richtiges System besaß, sondern einfach seinen unbändigen Haß auf Außenstürmer auslebte. Ein Linksaußen namens Kelly vom Zweitligisten FC Barnsley habe den ehemaligen Rechtsverteidiger des FC Southampton ehedem regelmäßig der Lächerlichkeit preisgegeben.

Oder schoß ihn der ungarische Linksaußen Czibor ins Flügelstürmertrauma? Jedenfalls ging der Tag, da Ramsey zu Wembley das letzte seiner 32 Länderspiele bestritt, der 25. November 1953, in die Annalen ein. Zum erstenmal seit 81 Jahren schlich das englische Team zu Hause als Verlierer vom Platz. Die ungarische Nationalelf unter Trainer Gustav Sebes interpretierte das bis dato gültige System der Systeme, das britische WM, moderner denn die Vertretung des Fußballmutterlandes. Mittelstürmer Nandor Hidegkuti spielte nicht den gewohnten Sturmtank inmitten der fünf Mann starken Angriffsreihe, sondern zog sich nach anfänglichen Auftritten in der Sturmspitze als Ballverteiler zurück, wohin ihm laut Herbert Chapmans klassischer Formel der gegnerische Mittelläufer folgte, stieß erneut vor, ließ sich zurückfallen usw. usf. Das Resultat: sechs Tore und deren sieben beim Rückspiel ein halbes Jahr später im Budapester Nepstadion. Insgesamt viermal traf Hidegkuti, der Mann ohne feste Eigenschaften, und ebensooft drosch Puskas, der Major mit dem donnernden linken Huf, den Ball in die Maschen. Der nächste Fußballweltmeister konnte nur Ungarn heißen.

Hieß er aber leider nicht, der „Furor teutonicus", von dem 1954 bereits nach der Weltmeisterschaftsvorrunde die Rede war, funkte dazwischen. Liebrich trat im ersten Spiel gegen die Ungarn Ferenc Puskas so zusammen, daß der noch im Endspiel humpelte, und die anderen, berichtet Linksaußen Hans Schäfer, spielten hart, härter, am härtesten, eben „wie echte Professionals" (Sepp Herberger). Mitnichten der vielgepriesene Geist von Spiez, genausowenig das zugegeben recht variable WM-System der Deutschen war ausschlaggebend für die größte Überraschung in der Geschichte der Weltmeisterschaftsendspiele. Nein, was über Jahrzehnte die britischen Mannschaften ausgezeichnet hatte, das Kraft- und Tempospiel, bescherte den Deutschen den Titel. „Ein zu nobles Auftreten schadet dem Spielfluß soviel wie Unfairneß", hatte Herberger den Seinen eingehämmert. Und die Männer, die ihre Trainingseinheiten in der Sportschule Grünwald laut Schäfer „mit drei paar Schienbeinschonern übereinander" absolvieren mußten, gingen really british auf die Schlappen, während in England unter dem Schock der ersten Heimniederlage, angetrieben durch Manchester Uniteds Trainer Matt Busby, eine Akzentverschiebung weg von der Kraftmeierei hin zur Spielweise der Festlandeuropäer einsetzte. Die Fußballsystemtheorie schlug abermals Kapriolen.

Gänzlich neu in Deutschland war freilich Sepp Herbergers Begeisterung für den britischen Fußball nicht. Bereits sein Vorgänger und Lehrer, Reichstrainer Otto Nerz, schielte systematisch zur Insel. Auch daß die Spielvereinigung Fürth 1910 den ehemaligen Profi von den Blackburn Rovers, William Townley, mit dem Traineramt betraute, hatte nur einen Grund: Man wollte den legendären „schottischen Flachpaß" studieren und den „Club" überflügeln. 1914 fuhr Fürth den Titel des Deutschen Fußballmeisters ein. Der 1. FC Nürnberg sah sich zum Handeln gezwungen und verpflichtete als Trainer den gelehrigen Townley-Schüler Bumbes Schmidt. Er kreierte den „fränkischen Flachpaß" („flach spielen und hoch gewinnen"), und die großen Clubmannschaften der zwanziger Jahre gewannen hoch und oft.

Allerdings besiedelten Leute wie Schmidt und Townley in den Augen von Otto Nerz noch das Reich der Fußballvorgeschichte, da, verrät Christoph Bausenwein (*Geheimnis Fußball – Auf den Spuren eines Phänomens*, Göttingen 1995), ein 2-3-5 en vogue war, „die Paßpyramide mit dem Mittelläufer als Ballverteiler". Niemand bezweifelte, daß dergestalt das Spielfeld optimal genutzt wurde. Erst als Newcastle, dirigiert durch einen Fullback namens Billy McCraken, begann, planmäßig auf abseits zu spielen, verhieß 1925 die Reform der Abseitsregel eine Fußballrevolution. Nicht mehr drei, sondern nur zwei Abwehrspieler mußten sich zwischen dem Angespielten und der Torlinie aufhalten (die Vorschrift ist bis heute gültig). Eine wahre Torflut war die Folge. Huddersfield Town gewann die englische Meisterschaft mit 92:90 Treffern, in der Vorsaison hatten 69 gegen 28 Goals gestanden. Alles andere als eine Systemrevolution wäre ein Witz gewesen.

Herbert Chapman, Teammanager von Arsenal London, gab die neue Devise aus: „Safety first". Ein dritter Verteidiger mußte her, der die Sturmtanks, etwa William R. Dean (82mal erfolgreich in der Saison 1927/28), neutralisierte. „Wenn es uns gelingt, ein Tor zu verhindern", so Chapman, „haben wir einen Punkt gewonnen. Schießen wir aber zudem noch ein Tor, dann haben wir beide Punkte." Fünf Meistertitel und zwei Cupsiege für Arsenal zwischen 1930 und 1938 sprachen eine deutliche Sprache. An der 3-2-5-Formation, die aus der Vogelperspektive einem W (Angriff) und einem M (Verteidigung) gleicht, kam auf Dauer kein Trainer der Welt mehr vorbei.

Auch Reichstrainer Nerz nicht. Den SA-Mann, gepackt von der durch Chapman ausgelösten Systemrevolution, umtrieb nur ein Gedanke: Wie erlernen die Spieler das vermaledeit erfolgreiche WM? Im März 1934 schien er des Rätsels Lösung gefunden zu haben. Während eines Lehrgangs sollten seine Auserwählten das neue System erstmals unter Wettkampfbedingungen erproben. Vier Spiele gegen Derby County standen an. Doch trotz eines 5:2 in der ersten Begegnung pfiff das Frankfurter Publikum die Heimmannschaft gnadenlos aus. Nerz tobte und ließ vor dem zweiten Spiel in Köln durch Fußballgauführer Zündorf folgenden Aufruf verbreiten: „Die Spieler der deutschen Elf haben strengste Anweisung, nach einem bestimmten System zu handeln und sich auf keinen Fall durch andere Anordnungen oder durch Zurufe von draußen dieser gestellten Aufgabe zu entziehen. [...] Es ergeht daher an die Zuschauer die Bitte, von draußen Anordnungen und Zurufe wie 'Mittelläufer nach vorn' oder 'Halbstürmer nach vorn' zu unterlassen, weil dadurch die Spieler nur irritiert werden und von der Erfüllung der von ihnen verlangten Aufgabe abgehalten werden." Der autoritäre Staat machte es möglich, Szepan & Co. büffelten ohne weitere Ablenkung WM und belegten wenige Monate danach bei der Weltmeisterschaft den dritten Platz. Da vier Jahre später jedoch – wie die auch 1945ff. stramme Nationalsozialistin Winifried Wagner gerne sagte – „U.S.A., Unser Seliger Adolf" höchstpersönlich das Team für das Weltturnier in

Frankreich nominierte, half kein Appell, kein Zündorf, kein nichts. Die „deutsche Elf war", bemerkte eine Pariser Zeitung, „schlecht gelötet". Das „Proporzsystem" Hitlers, der Befehl, eine Spielermischung aus „Altreich" und „angeschlossener Ostmark" zu bilden, also „die ersten Geiger" (O. Rehhagel) zusammenzutun, erwies sich als Griff ins Klo – zum einen, weil der allererste Wiener Philharmoniker, Starstürmer und Filigrantechniker Matthias Sindelar, die Teilnahme schlichtweg verweigerte, zum anderen, weil das WM der Deutschen partout nicht mit dem österreichischen „Scheiberlspiel" harmonierte.

Die dritte mögliche Ursache des der Welt wohltuenden Schweizer Achtelfinaltriumphes scheint die wahrscheinlichste. Eidgenossentrainer Karl Rappan, ein gebürtiger Wiener, der als Junge auf der von Kindermannschaften übersäten Praterwiese das „Scheiberln" erlernt hatte, legte nämlich den „Riegel" vor. Er verstärkte die Abwehr enorm, indem er die beiden Außenläufer zur Bewachung der gegnerischen Flügelstürmer heranzog und aus einem Halbstürmer, dem offensiven Mittelläufer und den zwei Verteidigern ein zentrales Deckungsquartett formte. Gegenangriffe wurden abrupt inszeniert. Absolute „Systemtreue" (Rappan) war Pflicht. Wer das Konzept nicht einhielt, flog raus. In den sechziger Jahren stützte sich Rudi Gutendorf auf denselben Plan, taufte ihn „Riegel-Rollsystem" und avancierte zum „Riegel-Rudi" – eine Spitze, sechs Mann hinten drin: ein Wall, der Friedhelm Funkel gefallen dürfte.

Ja, „es gibt viele Totengräber des Fußballs, ihr Chef ist ohne Zweifel Helenio Herrera", könnte man Julius Ukrainczyk, dem weitgereisten Fußballmanager vergangener Tage, beipflichten – um zu ergänzen: Strenggenommen ersann nicht Herrera, sondern Nereo Rocco den Catenaccio. Rocco, in den fünfziger Jahren beim FC Padua auf der Bank und Lehrmeister des späteren italienischen Weltmeistertrainers Enzo Bearzot (Stichwort: Claudio Gentile), verpaßte seiner im Prinzip chancenlosen Mannschaft den richtigen „Anzug" (Heddergott). Eigentlich erfand Rocco – nach Happels Vorarbeit – den Libero, diesmal richtig, als freien Mann hinter der Abwehr; wohingegen Herrera für sich beansprucht, schon Ende der vierziger Jahre, er war Spielertrainer des französischen Amateurclubs Puteaux, den freien Mann vor der Verteidigung installiert zu haben. Er wollte einen 1:0-Vorsprung halten. In weitaus erfolgreicheren Jahren bei Inter Mailand diktierte er immer dann, wenn ihm ein Mikrophon unter die Nase gehalten wurde, den monolithischen Dreisatz: „1:0. Das zählt. Sonst nichts."

1972 bewies der Libero aller Zeiten, daß es auch anders geht, nämlich nach Plan „Ramba-Zamba". So nannten Beckenbauer, Netzer und Schön die Methode, mit der sie England in Wembley verhexten. Das ständige Wechselspiel zwischen Libero und Mittelfeldregisseur klappte perfekt. Dem großen Ludger Schulze zufolge wußten die englischen Spieler selbst nach 90 Minuten nicht, „wem sie nun den Taktstock aus der Hand hätten schlagen sollen".

Bereits zwei Jahre später nagte allerdings erneut die Angst an Deutschlands Fußballseele. Nach Sparwassers 1:0 grapschte sich Beckenbauer den Dirigentenstab und gab ihn nicht mehr ab. Helmut Schön sortierte Netzer endgültig aus, und statt „Ramba-Zamba" regierten Kampf und Disziplin. Fürs Endspiel gegen die Niederlande, Beckenbauers Wort war Schön Befehl, setzte man auf Zerstörung. Berti Vogts, entschied der Kaiser, sollte Cruyff fersennah decken. „Häng dich ran", befahl Schön dem Terrier, und Vogts tat, wie ihm geheißen, im Training – Netzer mußte das Cruyff-Double mimen – und im Finale.

Weniger geläufig als das Ergebnis dürfte sein, daß Beckenbauer, jener, der um die Geheimnisse des Erfolges und die Formel der fußballerischen Weltherrschaft zu wissen scheint, sein gegen alle Systematik gerichtetes Trainercredo schlicht und ergreifend abgekupfert hat. „Geht raus und spielt Fußball", sprach Manchester-United-Trainer Matt Busby vor vierzig Jahren zu seinen berühmten Babies, von denen am 6. Februar 1958 bei einem Flugzeugabsturz in München-Riem acht zu Tode kamen. Womöglich erklärt sich aus dieser Perspektive der höchst absurde Champions-League-Triumph Manchesters über den FC Bayern vom 26. Mai 1999 – systematische Gerechtigkeit. Oder einfach Glück?

Frei nach Machiavelli lautet die letzte Antwort: Wer Fortuna nicht begehrt, den wird sie nicht küssen, System hin oder her.

Das Los des Ersatzmannes
Adorno, Beckenbauer, Berthold

Der Spätkapitalismus, lehrte die Kritische Theorie, konstituiert ideologische Regularien, die alle Regungen des Individuums erfassen und in verdinglichte Beziehungen einspannen. Kultur und Freizeit gehorchen den Imperativen der Bewußtseinsindustrie, Apparaten, die den einzelnen auf Erfolg und Gefolgschaft trimmen, und pulverisieren die letzten Reste zwangloser Reflexion. Fortdauernde Klassenherrschaft verpuppt sich in der innovativsten Version von Herrschaft, der Subordination unter die bedingungslose Konsumtion: „Die klassenlose Gesellschaft der Autofahrer, Kinobesucher und Volksgenossen verhöhnt [...] die Beherrschten", qua totaler Verwertung der Bereiche Spiel und Sport „terminiert der alte Fetischcharakter der Ware" (Theodor W. Adorno: *Reflexionen zur Klassentheorie*, in: *Soziologische Schriften I*, Frankfurt/Main 1972).

Nicht anders denn der Kunst und der Arbeiterbewegung soll es im zwanzigsten Jahrhundert dem Fußball ergangen sein – Grund genug, daß Gerhard Vinnai 1970, an Peter Brückners psychologischem Seminar (Universität Hannover) beschäftigt, „den fußballspielenden Genossen" auch gleich eine frische Philippika über den „Warencharakter des Fußballsports", dessen zeitgenössische Signatur als organisierten Leistungswahn, als aggressive und narzißtische Veranstaltung vorsetzte (*Fußballsport als Ideologie*, Frankfurt/Main). Zentrale, zu mittelmäßiger Prominenz gelangte These: „Die Tore auf dem Fußballfeld sind die Eigentore der Beherrschten." Allein, hören wollen hat es, von den akademisch-revolutionären Hauptkräften gar nicht erst zu reden, weder der Lohnarbeiter noch das brüllende Fanvolk.

Das mag andererseits heute ja kaum das Entscheidende sein. Denn abseits der Probleme linker Organisation sind Vinnais Kenntnisse Gold wert. Zwar ist kaum anzunehmen, der Hannoveraner habe sich wenigstens einmal zu den 96ern bequemt; doch aus aktueller Sicht wären seine Urteile unschwer in einer anderen Währung als dem allgemeinen Warenäquivalent aufzuwiegen: in jener der Weisheit.

Konziser wurde seither nicht beschrieben, wie toll es zwischen den Toren zugeht. „Die 'Balltechnik' bildet die Grundlage fußballerischer Fähigkeiten", und weil die Befreiung der fünf Sinne die Forderung wahrlich eines kompletten Umsturzes zu sein hätte, bleibt just der „siebte Sinn“ emanzipativ antizipativer Spielerpersönlichkeiten unberücksichtigt. Die repressiven Profivereine fordern nämlich Quantität statt Qualität: „Beim Fußballsport zeigt sich die Dominanz des Quantitativen in der Relevanz der Zahl der von einer Mannschaft erzielten oder hingenommenen Tore.“ Gute Ergebnisse erreicht demgemäß der eine „bestimmte Rollenerwartung (z. B. Fähigkeit zum Torschuß)“ erfüllende Sportsmann.

Seine speziellen Verrichtungen gehorchen entsprechenden Gesetzen. „Die optimale Exploitation der Arbeitskraft findet ihre Analogie in der optimalen ‘Torausbeute’“, ja Ausschlachtung der Torerziel- bzw. Torverhinderungskompetenz, deren blasses Abbild das vormalige oder jedenfalls ehedem trickreiche „Dribbeln“ ist. „Ein Rest von individueller Spontaneität scheint nur noch im Torraum bei der Ausnutzung und Herbeiführung von Einschußgelegenheiten gestattet zu sein.“ So gilt, daß „das Streben der Spieler einzig darauf zielt, der eigenen Mannschaft die Herrschaft auf dem Spielfeld zu sichern, um damit den Sieg an die eigenen Fahnen zu heften.“ Die, die draußen bleiben mußten, sind hinterher völlig wurst. „Der Ersatzmann ist unterm Spätkapitalismus kein wirkliches Problem mehr.“

Möglicherweise macht uns das klafterweis’ am Sachkern Vorbeidonnernde der Vinnaischen Ideologietheorie dessen Exegese lieb und teuer – obendrein ihre gültigen Pointen bedacht, die im bodenlosen Fall des verwertungsbeflissenen Laber-Adornismus epochenübergreifende, hic et nunc schockartig Wahrheit enthüllende Sauschlauevidenzen heimbringen. Welcher Lehrtext der siebziger Jahre hätte Beckenbauers Diktum, Thomas Berthold sei während seiner Anstellung beim FC Bayern nach Bernhard Langer der bestdotierte Golfer der Republik gewesen, präziser antizipiert als der referierte: „Die Vereine bestehen zum Beispiel darauf, daß ihre Aktiven täglich eine bestimmte Anzahl Golfrunden hinter sich bringen“ – hm?

Nationalseelen, Transfermillionen, Fans, Trash, Lego etc.
Murks und musts

Löblich ist es gewiß, während der aktuellen Transfergeschäfte zwischen Bundesliga und Premier League im nicht gar zu unbewanderten Argument Verlag einen Band über englische und bundesdeutsche Fußballverhältnisse zu lancieren (*Alive and Kicking – Fußball zwischen Deutschland und England*, Berlin 1995); und nur recht wäre uns, sich durch komparatistische Studien informieren zu können, die nicht von „Nationalkulturen", sondern den historisch-gesellschaftlichen Bedingungen des Sportes berichteten. Doch es mußte anders kommen. Die erste Seite des Herausgebervorwortes genügt, und ein Bataillon finsterer Sätze marschiert auf.

Deftig knödeln die Herren Dragowski, Knauf und Watson. „Ein mit Defiziten besetztes nationales Selbstwertgefühl [...] muß nach Sündenböcken suchen, um den tiefen Fall der nationalen Arroganz aufzuhalten", raunen sie wg. des Ausscheidens der Berti-Seppl gegen Bulgarien noch heute und fügen eine Schelte an, die neurotischer nicht sein könnte: „Jeder braucht sein Feindbild, Deutschland aber besonders. Bei Strafe traumatischer Selbstzweifel müssen wir siegen, siegen, siegen. Wir können sie nicht überwinden, die Schmach von Versailles, Potsdam und von Wembley '66."

Der erkennbar durch kein Argument mehr zu zügelnde feuilletonistische Elan, mit dem nichts drängender herbeigesehnt wird als die weniger kotzbrockige Nation und ein „sozialpsychologisch" sauber tarierter Fußballgefühlshaushalt; dies Gegreine für „inneren Frieden, Zu-Friedenheit" und „die seelische Balance, die den Gewinn einer Weltmeisterschaft wirklich feiern läßt": Erneut befleißigen sich vaterlandsverrückte Gesellen, die den Quellen ihrer „tiefen Verunsicherung" hinterherschreiben. „Nie kann man sich seiner selbst bewußt sein. Nie kann man von sich selbst überzeugt sein, ohne anderen abwertend entgegenzutreten."

Teufel auch, was soll's. Das galoppierende Elend sog. linker Fußballpublizistik ist kaum zu bremsen – am wenigsten vom unfehlbaren Editorendreigestirn. Wer die progressive Expertenwelt zuletzt mit literarischen Schmankerln der Kategorie „Unter allen Wimpeln ist Ruh" „zum Schmökern" meint einladen und „durch eine Unterrichtseinheit für

Jungen und Mädchen zum Thema 'Fußball und Identität'" meint trimmen zu müssen, ist ein Schafskopf und pädagogischer Gesundbeter. Und bleibt es.

Man studiere die „Abstracts". Watsons „Essay on I-dentity" unternimmt folgendes: „Ian Watson verknüpft in seinem Essay Persönliches, Nationales und Fußballgeschichtliches in einer mit sich selbst identischen Betrachtung seiner selbst."

Hoffentlich kommt er da gesund wieder raus.

*

Ist das denn wahr? Muß der Sforza jetzt auch nach Italien? Ins Land der Knorpelschäden, Achillessehnenentzündungen und „besten Liga der Welt" (Cardoso; *Bild*, 4. November 1995)? Will Cardoso weg? Oder kommt, Basler zu ersetzen, Baggio, „der Mozart des Fußballs, nicht nur was die Haartracht betrifft, sondern auch das Freistoßgenie" (Heribert Töpperwien)?

Während Inter Mailand 20 Millionen für Ciriaco Sforza geboten haben soll, ist der Wert des von Präsident Beckenbauer gescholtenen defensiven Mittelfeldmannes erheblich niedriger zu taxieren und laut „Profi-Börse" (*Sport Bild*, 31. Oktober) ein „Kursverlust" in Millionenhöhe zu konstatieren, „weil der Mittelfeldspieler vor der eigenen Abwehr nur noch seinen Stiefel runterspielt", bedeutet: 6,0 statt 7,0 Millionen. Trotzdem, der italienische Clubpräsident zahlt gerne und ausgelassen, und die 20 stehen im Raum.

Anders Basler: Den mag vielleicht doch niemand so richtig erwerben, auf Grund charakterologischer Schwankungen und „weicher Leiste". Man fragt sich schon: Blickt der Italiener selbst noch durch? Der *kicker* ortete am 2. November „Turbulenzen um die Legionäre". Dick hat's den AC Parma erwischt. Tomas Brolin ist nicht mehr der alte, Faustino Asprilla „undiszipliniert", und mit Fernando Couto „ist man in Parma nicht mehr zufrieden".

Bis zum 9. November steht der italienische Transfermarkt sperrangeloffen. Werder-Manager Lemke bestätigte „eine geheime Staatsaktion" (*kicker*) zwecks Basler-Verscherbelung. Florenz, Genua, Inter, AS Rom? Wer blecht die an der Weser ausgedachten „astronomischen" 20 Millionen? Parma nicht. Trainer Scala ließ erklären, er sei keineswegs wahnsinnig bzw. „doof".

Hier geht niemand, es sei denn, ich persönlich schicke ihn übern Brenner, scheint wiederum Otto Rehhagel entschieden zu haben, und der *kicker* bestätigt: „Jetzt geht keiner". Gut beraten wäre der Italiener ohnehin nicht, verpflichtete er Sforza, ital. DyS-Forza, die Nicht-Kraft bzw. mangelnde Stärke, d. h. dt. „Schwäche", bemerkt Kollege Atzert. Nein, das wäre Unfug, einen Spieler Schwachhans zu verpflichten, rufen die Tifosi, einen Ciriaco Lusche braucht's echt nicht.

Der Wechsel dürfte geplatzt sein. „Rehhagel bevorzugt eher hochgewachsene Spieler mit Traumfiguren." (*Sport Bild*) Deshalb kann immerhin Scholl endlich die Mücke machen. „Scholl ist relativ klein (1,78 Meter) und wiegt nur 68 Kilo." (*Sport Bild*) Und kostet gegenüber einer Vorjahresnotierung von 6,0 derweil magermilchmagere 4,0 Millionen.

Fort! Hopphopp!

*

Was die wenigsten wahrhaben wollten, ist nun in einem Akt schonungsloser Selbstoffenbarung zur Gewißheit geworden: Ein Verein wie Eintracht Frankfurt, dem man hartnäckig nachsagt, er stehe für Spielkultur auf höchstem Niveau, ein Club, der mit Andreas Möller und Uwe Bein das versierteste Mittelfeldduo der achtziger Jahre sein eigen wußte, eine Mannschaft, in der Rohrbach, Grabowski und Nickel bolzten, dieses zum larmoyantesten Erstligateam heruntergekommene, von Halbwelthaupttribünengaunern, dilettantischen Übungsleitern und Simulationskünstlern gelenkte und „kunstlose Langeweile" (Ror Wolf) kultivierende Ensemble führt zu allem Überfluß eine Riege Irrer an.

Nach dem herbeigestocherten 3:0 gegen die Düsseldorfer Fortuna befand der blinde Präsident Ohms, Yeboah-Deszendent Rauffmann (Meppen) müsse künftig mittelfeldmäßig wühlen. Coach Körbel – dem die enigmatischen Sätze zuzuschreiben sind: „Der größte Fehler, den wir jetzt machen könnten, wäre, die Schuld beim Trainer zu suchen" und „Die Eintracht ist vom Pech begünstigt" – hielt sich vorerst bedeckt, assistierte aber in einer weit schamloseren Angelegenheit schon mal Manager Hölzenbein. Der zürnte über den erhabenen Okocha, weil jener einzige Topmann unter den aktuellen Lederquälern „richtig Lust" verspürte, seine Künste zu zelebrieren. Ergebnis: eine geharnischte Zurechtweisung – Bestellung zum „Rapport" (*Frankfurter Rundschau*, 4. Dezember 1995). „So etwas ist ungehörig", „so etwas gehört sich nicht", schäumte Hölzenbein, da Okocha an der Seitenlinie seelenruhig vier heraneilende Gegner erwartet hatte, um sie – vergeblich – lupfend und beinschießend auszuwuseln. „Provozierendes Verhalten", „ein dickes Ding" sei das gewesen, kofferte Holz und setzte dem Gefauche die Krone auf: „So etwas kann man sich nicht erlauben, da muß man schon Deutscher Meister sein."

Frankfurt darf endgültig als Dorado der Ahnungslosen, Windmacher und deutschen Würste gelten. Tröstlich allein, daß die nächsten fünfzig Jahre bei der Vergabe des Titels keine Mainmannschaft die geringste Rolle spielen wird.

*

„Gibt's auch mal 'ne satte Pleite, / Bei uns wird niemand ausgelacht", will Götz Alsmann weismachen, und er ist nicht der einzige, der seinen persönlichen, dem heimatlichen resp. verehrten Verein dedizierten tonalen Artikel glaubte abwerfen zu müssen. Spitzenresultate des Musikantenlebens aus den letzten zweiunddreißig Jahren versammelt eine von Christoph Biermann verantwortete Kompilation mit quasi unvermeidlichen zweiundzwanzig Titeln und, logisch, Namen *Spitzenreiter!* (I Saw Hans Walitza Kick That Ball Records/Rough Trade 1996).

Zu Alsmanns fußballferner Preußen-Münster-Eloge gesellen sich recht eigensinnige Verwendungen des Aktiven für die Singleproduktion. Daß Norbert Nigburs unbekannte Flipside „Darum weißt du nichts von mir" in die Zone des jenseitigen Krachs gehoben wird, ist verzeihlich wie die Dancefloor-Duett-Einlage der unterdessen auf Grund gelaufenen Kölner Klopper Paul Steiner und Stephan Engels.

Fußball, so hat es den Anschein, gerät zusehends zum Vermittlungsmedium heterogener „Kulturleistungen". Lassen sich keine bemerkenswerten Entwicklungen mehr registrieren, plündert man die Archive jedem Mäkelhannes obskur erscheinender Nebenbetätigungen. Der liebevoll arrangierte Sampler dürfte der kritischen Edition Beckenbauerscher Alltagsprosa und dem fälligen Sammelband erlesener Breitner-Sentenzen zu Fragen des Postmaoismus knapp zuvorgekommen sein.

Biermann hängt an dem Kram. Die Verlockung, denkbar weit auseinanderliegende Stile – House, Glamourrockparodie, Schlager und Countryadaptionen – gleichwertig zu dokumentieren, muß ihn entzückt haben. Dem Historisierungsgedanken geschuldet bleibt wohl das quäkige Reporter-Mimikry-Free-Jazz-Gefickel des frühen Diedrich Diederichsen; abnehmen mag ihm und Albert Oehlen und diversen höheren Hamburger Schulabsolventen keiner, der „Fußball" habe „echt noch Spaß" gemacht.

Ebensowenig Freude sollte dem DDR-Traditionalisten die Auftragsarbeit für Casio-Big-Band und käsigen Männerchor bereiten. Kurz nach Veröffentlichung des offiziellen Dynamo-Dresden-Heiterkeits- und Gratulationstitels brach das System folgerichtig erschöpft zusammen; während Uli Hoeneß zum inoffiziellen Acapella-Bayern-Menuett den Ranzen wiegt; und die korrekten St.-Pauli-Kappen ihre rockistische Schlachtrufnummer abwickeln.

Zu ertragen ist der Mumpitz nicht; nicht Radi Radenkovic' Bierzeltstampfer „57, 58, 59, 60", nicht Christian Königs plus Wattenscheider Lohrheide-Gockel. Höchstens den stumpf-seligen „1. FC Nürnberg Fußballer Blues" über das endlose Leid ob unfähiger Spieler und inkompetenter Trainer und den gebremsten Werder-Punk zugunsten des ehedem an den HSV abgetretenen Meistertitels könnte ich mir dreimal reinpfeifen; sowie das Slade-Cover „Wir sind schlau, / Wir sind Fans vom HSV". Den Track gleich tagelang.

Biermann wird die Meckerei nicht gefallen. Ich möchte das chice Gefasel betr. Trashentertainment und „Ist so schlecht, daß es schon wieder gut ist" nicht weiter hören. Vielleicht trifft man sich in der Mitte, auf dem Platz.

*

Sehr wahrhaftig hat Michael Ringel kürzlich die verbrecherische Bundesligawinterpause verflucht. Solange sie aber währt, so lange lesen wir Fußballbücher.

Vorzustellen wären zwei Publikationen des rührigen Kleinverlags Fangorn. Inhaber Manfred Fock beschreibt erfreulich unprätentiös, was am 28. Mai 1966 geschah, als der TSV 1860 München Deutscher Meister wurde. Sein achtzigseitiger Bericht *Der letzte Spieltag* (Adelshofen 1996) gewinnt vornehmlich durch die Beschreibung retardierender Momente im Leben eines zehnjährigen Fans: neunzig Minuten zwischen den Beinen Erwachsener herumkriechen, um hinterher das Pfand weggeworfener Bügelverschlußflaschen zu erlösen; en passant die Begegnung verfolgen und lebensgefährliche Vorstöße Petar Radenkovic' durchstehen; außerhalb des Stadions an der Grünwalderstraße Klebebilder tauschen; und aus LEGO-Steinen Stadien bauen, in denen dramatische Partien stattfinden, während man neben dem Reporterjob die Imitation gewaltiger Zuschauerkulissen erledigt – ich kenne das, früher tauchte ich übers Wochenende zum Ausspielen kompletter Tipp-Kick-Meisterschaften unter.

Prosaischer steht die Welt des modernen Bundesligaschiedsrichters da. Die Anthologie *Der Schiedsrichter im Fußballsport oder Was heißt hier unparteiisch?* (Adelshofen 1996) geriet belehrend wie ihr Titel. Dennoch legen die Beiträger zu Recht ein Wort zugunsten der geschundenen Spezies des Unparteiischen ein, etwa in Interviews mit den Herren Krug, Heinemann, Schmidhuber und Merk.

Herr Krug hält sich leider für einen „Erzieher", und die Frage, ob der Referee „Richter" oder „Spielleiter" sei, kann nicht geklärt werden. Zumindest mißachten wir ihn als bedauernswerte, in bestimmten Facetten schäbige Figur. Akzeptabel mag sein, daß Markus „Dr. dent." Merk gegenüber den früher mit ballonartigen Wänsten behefteten Pfeifenköpfen selbstzufrieden den „Leistungssportler" betont. Sein Bekenntnis, bereits im Alter von zwölf Jahren offizielle Partien gepfiffen zu haben, nährt den Verdacht, zum Regelwächter tauge nur, wer früher keinen Ball traf. Merk: „Das Schöne an der Schiedsrichterei ist, daß man nie auslernt und immer wieder ein Wellenbad der Gefühle durchlebt."

Klarer spricht der B-Lizenz-Schiri Günther Koch: „Für Schiedsrichter und Rundfunkreporter gibt es keine Ausreden. [...] Gesagt ist gesagt – gepfiffen ist gepfiffen." Das durch Spezialkamerafahrten und slow motions unterstützte Tadelgedengel der Sat.1-Kerle spart sich der Kluge – inkl. des Mülls drum herum.

Rückruf ins Funkhaus.

*

Es steht mir nicht zu, den bei Werkstatt erschienenen Sammelband *„Holt euch das Spiel zurück!" – Fans und Fußball* (Göttingen 1995) zu besprechen. Ich lese selten Fanzines, gehöre keiner Fußballbrigade oder sonstigen Abteilung des subkulturell organisierten Sympathisantenmilieus an, wähle überdachte Sitzplätze und huldige den „Münchner Bayern" (G. Rubenbauer).

Ein Unmensch bin ich, und deswegen will mir auch nicht einleuchten, warum Herausgeber Dietrich Schulze-Marmeling derart didaktisch enerviert, ungefragt sozialpädagogisch orientiert, von der Überzeugung übermannt, jederzeit der Richtige auf der jederzeit richtigen Seite zu sein, Fußballpolitik betreibt und seiner Kundschaft wieder und wieder einpaukt: Wir gehen den rechten Weg, die anderen den der Doofen.

Entweder man macht Revolution, oder man guckt Fußball, denkt unsereins, sobald einem Werkstatt-Produkte in die Hände fallen. Da es Schulze-Marmeling nach seiner Geschichtsklitterung *Der gezähmte Fußball* jetzt darum zu tun ist, wider DFB-Bonzentum und Managerfußball die englische Kampagne zur Verhinderung der Stadion-„Versitzplatzung" anzukurbeln, erfahren wir, welch hohen Sozialismus britische Clubs auf den Rasen zaubern, während hierorts die „Entwurzelung des Fußballs" mächtige, ins Entartete schießende Fortschritte mache.

Um Basis und Boden sorgt sich *„Holt euch das Spiel zurück!"*, um den Fußball als „soziales und kulturelles Ereignis", um die links-alternative „Gegenkultur", jene „der Stehplatzränge". An die Stelle zweifelhafter Arbeiterfußballhistoriographie ist der Standesdünkel „korrekt" getunter Fans getreten: „Wie soll man diese neue Bewegung charakterisieren? Daß sie mit den 'Hools' nichts zu tun hat, versteht sich von selbst. Aber auch von einem großen Teil der 'Kutten' trennt sie so einiges, insbesondere in kultureller Hinsicht. Und mit den 'Normalos', die sich auf der Tribüne den Hintern plattsitzen, hat sie ohnehin nichts zu tun."

Was dem einen seine Bewegung, ist dem anderen das „Eintreten für die Sache". Die politische Reflexion kann noch bodenloser betrieben werden. In *konkret* 3/1996 hielt Michael Nauert den Autoren von „abgeklärten, 'kritischen' und oft ironischen Texten" Mangel an Ernst vor – sie „vermeiden jedes Eintreten für eine Sache, jede Andeutung von Hoffnungen oder Möglichkeiten und natürlich jede Problematisierung der eigenen Sprechposition." Da ich letzterem hier auftragsgemäß Genüge geleistet habe, sei nicht verschwiegen, wie Nauert seiner Sache den Schädel eintritt: „[...] für den Fußball sind die höchsten Ligen das Maß aller Diskussion, und so ginge es darum, eigene Mannschaften dorthin zu verschieben oder die Kontrolle über einen der sympathischeren Ansätze (St. Pauli z. B. oder Freiburg) aktiv zu übernehmen."

Herrgottsakra! Selbst Antiversitzplatzer dürften angesichts solch spektakulärer Unterwanderungs- und Guerillastrategien in Erregung geraten, sofern sie nicht über der dräuenden Frage verzweifeln, wer den Schotter beschafft.

Wo die sympathische Sprechposition herumhockt, klären wir ein andermal. Vor der Glotze.

*

Wir kennen sie bis zum Überdruß: die Quatschblasen, Selbstdarsteller und Eitelkeitsmöpse der Fußballberichterstattung. Samstag für Samstag verleiden sie einem die heiligen Stunden. Sie bringen es fertig, dreißig Minuten Reportage auf zwei Stunden zu strecken, sie reden und wortspielen sich um ihre Grütze, sie organisieren die Claque. Selbst die hartgesottensten Fans beginnen zu kapitulieren. Die Kräfte schwinden. Man greift zu Gedrucktem.

Baltscheits *Kurz der Kicker* (Frankfurt/Main 1998) ist ein beinahe singuläres Beispiel des Genres Bilderbuch – und keines nur für Kinder. Es spielt uns Naivität vor und besticht durch perspektivisch artistische Ölbilder. Es klärt den Blick und zeigt, worum es geht: Fertigkeiten erlernen, den Ball im Tor unterbringen.

Der Knabe Kurz wollte gar kein Fußballer werden. Er mag sich weder einordnen noch mitmachen. Er „bockt". Seine Renitenz gefällt, sein Standardsatz lautet: „Is' mir doch egal!" Und er kickt das geschenkte Leder dem Hausmeister in die Suppe. Patsch, Ende der Fahnenstange.

Kurz, der Kleinwüchsige, landet trotzdem beim „Verein" (George Clooney). Er perfektioniert den Abstoß, muß aber, weil ihn die Mitspieler schneiden, auch Puste und Technik und Taktik entwickeln. „'Muß ich denken?' Ja, denken, und du brauchst ein Auge. 'Auge!'"

„Der Mann hat ein Auge", würde Heribert Faßbender brabbeln. Baltscheit hat zwei, drei, vier Augen. Er hat Stil, Witz und mit Kurt eine Figur geschaffen, deren Eigensinnigkeit und schließlich Neugier am Spiel die unsrigen öffnet für die Intelligenz, die dem Fußball innewohnt.

Kurz vor Schluß verschießt Kurt den entscheidenden Elfer. Was dann passiert, schildert Ihnen Baltscheits Hommage an die im Grunde herrlichste Sache der Welt.

Selber staunen!

Kerner und Steinbrecher
Zwei ZDF-Pfeifen

Die neue Freundin, Hockeynationalspielerin Britta Becker, sei, meldeten die Societyblätter, der eigentliche Grund für den Wechsel des Johannes B. Kerner gen ZDF. Sie trainiert in Rüsselsheim, er schwafelt demnächst vom Lerchenberg herab. Soll so sein.

Kerner, das 1996 zum beliebtesten Sportkommentatorenmoppel der Republik gekürte Männlein, gibt selbst keine näheren Auskünfte. Er freue sich nur darauf, „daß ich beim ZDF wieder die beiden Dinge zum Einsatz bringen kann, die mir Spaß machen: Sport und Unterhaltung."

Bei den größenwahnsinnigen Sat.1-Schlaumeiern scheint ihm die Lust vergangen zu sein. Es adelt Kerner, die dort immer deutlicher Kontur gewinnende Entwicklung zum pathologischen Fußballentertainment erkannt und Konsequenzen gezogen zu haben. Während sich sein Vorgesetzter Beckmann kürzlich im *Spiegel* darüber mopste, es werde dem Spitzenprodukt *ran* weder von Funktionärs- noch von Spielerseite tosender Beifall gespendet, verläßt der zielstrebige Kerner das leckgeschlagene Schiff.

Er weiß, daß man ihn, der morgens die Hosenträger und das Grinsen festschnallt, für „ein ganz besonderes Programmtalent" (Stolte), einen multifunktionalen Allesverkäufer hält, der das senilitätsbedrohte ZDF mit der juvenilen Kerner-Note aufpäppeln soll. Wöchentlich einmal Infotainment, das *ASS* und „sechs große Sonntagsshows" will er präsentieren, gar Spiele der Nationalmannschaft übertragen.

Aus den einfältigen *ASS*-Moderatoren Jauch und Steinbrecher sowie dem Neuzugang entsteht also wieder jene formatimmanente Trinität, der Kerner schmählich den Rücken kehrt. Wonti wird sich naß machen, Werner Hansch wahrscheinlich auch. Und Fred Kogel, der noch jeden Sender in den Quotenkeller rangiert hat, ist erzürnt, weil er Mediensachverstand erkennt, wo's bei ihm schmerzlich mangelt. Denn einen bedachten Karrieresatz macht „Johannes B. Körner" (Kay Sokolowsky), dorthin, wo die Quoten steigen: Je energischer die Öffentlich-Rechtlichen dem puren Mindersinn des privaten Guckkastenfernsehens nacheifern, desto schneller gewinnen sie jenes Renommee zurück, das aus der Täuschung des Publikums resultiert, man arbeite obendrein journalistisch.

Daher irrt der künftige Dienstherr lediglich in einem Punkt, wenn er behauptet, Kerners Verpflichtung sei „ein weiterer Schritt [...] zur Unterstreichung der Kompetenz in Sachen sportlicher Information".

Und zwar gewaltig.

*

Nein, überflüssig ist die beliebte Illustrierte *Journal Frankfurt* nicht, und sie hat weiß Gott kaum anderes zu tun, als nimmerstill zu postulieren, die Hutzelstadt am Main sei „wegen ihrer widersprüchlichen Seiten so interessant"; nein. Sondern in Ausgabe 6/1997 „fährt" sie die durchaus notwendige Titelgeschichte „Sanfter Rebell!" und druckt eins der vielen schelmisch-frohen Gesichter des eierwabrigen Laberfleischkäses Michael Steinbrecher aufs Cover.

Im dazugehörigen famosen Interview stellt „der Anti-Schmidt" dann unter Beweis, warum eitel-dumm sein muß, wer mehr denn drei Stunden seines Lebens fürs Fernsehen vergeudet. Daß via TV ausnahmslos jeder, und sei er noch so integer, als Pflaume daherkommt und als minderbemittelter Riesendepp – geschenkt. Bloß daß sich einer in Ausübung seiner Marginaltätigkeit intelligent, gefühlvoll und einiges mehr dünkt – es ist zuviel des Erträglichen.

Steinbrecher wurde nicht nur per Geburt mit dem onomatopoetisch bestmöglichen Namen versehen, er hat auch vorausschauend seine Diplomarbeit über Talkshows geschrieben. Zukünftig wolle er sich indes „noch mehr mit Religion beschäftigen", sagt der jesusmäßig haupthaarbewehrte Fuchtelfiffi heute, denn wer den (Sport-)Stars dieser Welt derart herzensgebildet in die Seele lugt, den zieht's zum Licht der Ewigkeit.

Er und Roger Willemsen machten „die Qualität des Senders aus"; er habe „in Lillehammer Beiträge über Umwelt gebracht" und, am allerdollsten, sensitiv schorlemmerisch mit James Belushi „darüber geredet, wie er seinen Vater auf den Tod vorbereitet hat".

Dabei sprach der windweiche Talkrebell in *Steinbrecher & ...* und im *ASS* zuletzt ja gar nicht mehr. Pausenlos muhte er seine „Ähäs?" und „Öhmms" Richtung Promis der preiswerten Klasse. Setzte er endlich sein Credo „Natürlich rede ich mit den Händen" konsequent um, wäre praktisch Ruhe und die Welt von einem Übel erlöst.

Bis es jedoch soweit ist, wird man den taubstummensprachbegabten Steinerweicher erklären hören: „Klar bin ich auch eitel. Aber ich habe das noch im Griff. Sonst würde ich mich nicht [...] mit Schuppen auf dem Pulli photographieren lassen."

Gott, laß Hirn regnen.

Sand im Kopf
Der Schriftsteller Reinhold Beckmann

Reinhold Beckmann, „*der* moderne Sportberichterstatter" (Goldmann), das „komische Talent" (*FAZ-Magazin*, 5. Juni 1998), kann schreiben?

Sein Verlag stellte ihm mit Sven Böttcher einen „der vielseitigsten und produktivsten jungen deutschen Autoren" zur Seite, um zwischen zwei Werbeblöcken *LiebesLeder – Der kleine Fußballberater* (München 1996) abzujammeln, den – erneut bescheidener O-Ton Klappentext – „geistreichsten Angriff auf das Abwehrbollwerk Lachmuskulatur, den Fußballdeutschland je gelesen hat". Ob Fußballdeutschland je gelesen hat?

Auf 190 Seiten wurden vier oder fünf Grinsanlässe versteckt, die für sich genommen zwar kärglich sind, aber während des Marsches durch die Witzelwüste als trostreiche Begleiter dienen. „Morgens um sieben ist die Welt noch in Dortmund", kalauert Sepp Maier.

Sonst kommen große Geschütze zum Einsatz, schießt man aus allen Lach- und Sachkanonen, daß es nur so scheppert. Was z. B. mag spezifisch lustig daran sein, endlose Listen mit Trainer- und Spielersprüchen zu erstellen, die 94 Prozent der Weltbevölkerung bereits kennen? Und was soll das Jorginho-Zitat „Die Sprache ist **entscheidend**"? Im dicken Hals steckenbleiben? Zum Nachdenken anregen? Setzt uns der Fettdruck auf die Fährte? Richtig: „**Entscheidend** ist der Antritt, und zwar im richtigen Moment." (A. Zickler) Harhar.

Kein Gedanke, kein Konzept – und räubern, ohne die Quelle zu nennen: Dem Literaturverzeichnis fehlt Gerhard Henschels und Günther Willens *Supersache!* (Greiz 1994), ein reichliches Zehntel von *LiebesLeder* verdankt sich der dort weit sorgsamer ausgeführten Idee, die Magie der „schieren Mannschaftsaufstellung" (Eckhard Henscheid) durch fiktive Teams wiederzubeleben – beispielsweise durch die „Tier-Elf" (Kleff, Hahn, Täuber usw.). Die sog. „Papierformen" offerieren hier unter „Der Pokal hat seine eigenen Gesetze" den Eintrag „Woodcock, Hahn, Hähnchen" etc.

Ganze, generös gerechnet, fünf zusammenhängende Winztexte birgt der papierne Schmutz. Ein platonischer Dialog über das „vollkommene Spiel" bedient sich ungeniert bei Monty Pythons zeitlosem Philosophenmatch Deutschland – Griechenland und nutzt weidlich die Zahlenkomik aus *Search For The Holy Grail*. Noch peinlicher als die granitharte Fußballironie wirken Hinweise zur aktuellen Reportersprache. Penetrant belobigt man Werner Hansch entsprechend der Hausorder (qua Dokumentation seiner „besten Seiten"), und das *ran*-Redaktionsdekret, keine Standardwendungen zu benutzen, wird per Abteilung „Formulierungen, die ihre Schuldigkeit getan haben" ins Spiel gebracht. Weshalb neben „Allerweltsfoul" und „Flankengott" „Harry Valérien" ein „vom Aussterben bedrohter Fußballbegriff" ist, bleibt ein besonders rares und pietätloses Rätsel – gleich dem ganzen, mit Schere und Prittstift zusammengewürgten „Allroundwerk gegen semiprofessionelle Schwallköpfe" (Beckmann/Böttcher). Es sagen halt wirklich die richtigen Arschgeigen.

LiebesLeder narrt die Kundschaft und prellt den Geist. Beckmanns verlogene, ja vollverschissene „Liebeserklärung" ist ein einziger unverzeihlicher Versprecher, dessen bestes Moment die Erkenntnis des Lothar Matthäus bildet: „Wir dürfen den Sand jetzt nicht in den Kopf stecken."

Zu spät. Kein Arzt kann helfen.

Amerikaner [...] suchen auf dem Spielfeld stets nach dem Garten Eden, wohingegen Fußball gar nicht als Flucht in eine bessere Welt gedacht ist, sondern wie das Leben selbst sein soll, genauso ungerecht, genauso ermüdend.

Süddeutsche Zeitung, 10. Juni 1999

Bote des Blödsinns
Helmut Böttiger dreht ab

Nicht müde wird Helmut Böttiger, den schlechten Stil Ernst Jüngers zu tadeln. Das Kritikastern auf der begrifflichen Höhe eines Deutsch-Gymnasiallehrers Klasse 9 d hat er zu einer gewissen Reife entwickelt. Allerdings verschlägt es ihn dann, wenn Jünger mal keinen Hunderter voll macht oder weder Kresnik noch Castorf ungenehme Jünger- bzw. Heiner-Müller-Inszenierungen plazieren, in die Sparte des Fußballkulturtheoretikers. Was anfänglich als erquicklich linksliberal untermauertes Expertentum begrüßt ward, gerät zur Last – mit Böttigers Sammelband *Kein Mann, kein Schuß, kein Tor – Das Drama des deutschen Fußballs* (München 1993) auch buchhandelsamtlich.

Richtschnur seiner frei rotierenden Gedanken zum Niedergang des Fußballs war immer schon die Nation und deren Spielkultur. Günter Netzer sei der Marcuse Willy Brandts, postuliert Böttiger, seit er entdeckt hat, daß über „Dialektik und Doppelpaß", die „Tiefe des Raumes" und den „Geist der Utopie", summa summarum über die „Sehnsucht" nach dem „wahren" Fußball so ungehemmt daherlabern ist, weil der „deutsche Fußball" andauernd krisele.

Die verfallsgeschichtlichen Tiraden von atemberaubender Unbelecktheit bezüglich der Fußballhistorie und der linken Theorie fanden nun eine getreue Fortsetzung. Indes hat Böttiger in seiner neuerlichen Hommage an den Radioreporter Günther Koch (*Frankfurter Rundschau*, 3. Juni 1995) den Reiz des Regionalen entdeckt. Hymnen auf den „unverwechselbaren" Stallgeruch der Provinz und die bodenlose Arroganz des Lokalheroismus bilden aber nicht bloß das Pendant zum Kommentatorenwesen, sie sind zudem der Resonanzraum klirrendster Irrsinnigkeiten.

Ein Metaphernleider wie Böttiger beläßt es nicht bei der Analogiebildung. Bevor der Ball pausenlos als „Welt", das Spielgeschehen als „Abbild der gegenwärtigen Gesellschaft" bezeichnet wird, richtet er sich nach den für unerreichbar gehaltenen Vorgaben des Rhetorikemeritus Walter Jens. Wo der das Stuttgarter Stadion mit einer „ovalen Orchestra" verglich und „schreiende Matadoren" erspähte, mag Böttiger nicht hintanstehen. „Die leeren, schmutziggelben Schalensitze an der Gegengeraden sind wie eine Anklage. Ihr grelles Plastik, das langsam zustaubt und von den Schleimspuren des Regens gezeichnet ist, sticht Günther Koch in die Augen." Das tut weh, vor allem, wenn „von den grellen, gelben Plastiksitzen, die schmutzig sind und fahl, eine Depression ausgeht, welche die Glieder lähmt." Doch egal, ob der schleimige, feuchte Regen seine Spuren in die grellen und ja auch verstaubten und demzufolge sehr trockenen Sitze ätzt oder einfach die Zeit vergeht, sicher ist: „Günther Koch bildet mit seinen Stimmungsschwankungen die Höhen und Tiefen der fränkischen Seele ab."

Während Mütterchen Franken bleibt, was es immer gewesen, erinnert sich Böttiger daran, hie und da evtl. vom Existentialismus, von John Cage, dem frühen Kafka und möglicherweise Botho Strauß gehört zu haben. Günther Koch mutiert deshalb zum prähistorischen Sinnbild neuzeitlicher Sinnferne. Verlassenheit ist das Schicksal des Reporters seit Beckett und Riesman, Koch jedoch ein noch horrenderer Inbegriff allegorischer Einsamkeit. Kurzum: Er sei „auf grandiose Weise einsam": „Seine Person und seine Tätigkeit verschmelzen ideal: seine Suggestivkraft, seine Sprachlust – nie enden wollende Suaden", jojo.

In einer früheren Koch-Eloge genügte Böttiger das Diktum, seine Reportagen seien konkrete Poesie. Konkreter benennt er jetzt die „Clustertechnik der Nebensätze", das „dichte, flirrende Gewebe" der „Gefühlswelten" und „sein Improvisationsvermögen", das ihn befähige, „diesen an- und abschwellenden Bocksgesang unheilschwanger in sein Solo einzubauen [...]. Er durchdringt die Dimension des Schmerzes, die dieses Spiel bereitet."

Dunstet es derart sprachmagisch-spackenmäßig, da „auf bisher ungeahnte Weise Existentielles verhandelt wird", scheint der Mann am Mikrophon mit den Göttern im Bunde oder der Allmächtige höchstselbst zu sein. Resp. der Panegyriker spinnt.

Was die Avantgarden bekanntlich nicht vermochten, Koch packt's: die Beeinflussung eines realen Geschehens durch künstlerische Mikroaction. Als nämlich „die Kaskaden durcheinanderschossen", „da versetzte die Stimme Günther Kochs den blutjungen Himmelsstürmern des

Clubs Flügel“, und später trieb „seine Stimme“ die Bayern „und deren Spielweise zu unerhörten ästhetischen Gratwanderungen voran“.

Verdient hat er einen solchen Text nicht, der Günther Koch. Zu Botho „Brummbrumm“ Böttiger entschied bereits Hegel: „Böttiger spricht vom Sagenklitterer Pausanias, von der blasenden Fama mit den Trompetenbacken; beides ist aber er selber.“

*

Zugegeben: Das Schrifttum Böttigers gemahnt mich nicht selten ans tapsige Geraune der Regionalschmöcke. Die „aktualisierte Neuausgabe“ seiner nationaldiagnostischen Untersuchung *Kein Mann, kein Schuß, kein Tor* (München 1997) liefert nun einen m. W. genreweit nicht dagewesenen Eitelkeitsbeweis, der jede Grenze der Peinlichkeit ignoriert. „Das ungeheure Presseecho auf *Kein Mann, kein Schuß, kein Tor* läßt sich dadurch erklären“, unterrichtet uns das neue Vorwort: „Es war ungewöhnlich, Fußball spielerisch, ironisch, feuilletonistisch zu beschreiben. Das Bedürfnis danach war just zum Zeitpunkt des Erscheinens überall spürbar – aus Gründen, die damals nur zum Teil zu überschauen waren. *Kein Mann, kein Schuß, kein Tor* wurde in vielen Rezensionen sofort als ‘Kulturgeschichte’ begriffen: Fußball wurde hier endlich heimgeholt in die Sphäre der ‘Mythen des Alltags’ im Sinne von Roland Barthes. [...] Der erleichterte Stoßseufzer ‘Ein Hammer!’, mit dem die Münchner *Abendzeitung* dieses Buch begrüßte, war Programm: Fußball war schon immer etwas Existentielles, nur hatte dies kaum jemand offen, in den dafür geschaffenen Formen, auszusprechen gewagt.“

Böttiger hat alles geahnt, alles prognostiziert, alles gewußt. „Wo Fußball“, seicht er, benommen vom eigenen Wagemut, von der eigenen titanischen Genialität, „einmal Arbeit am Leben war, tritt nun der Freizeitcharakter immer deutlicher in den Vordergrund.“ Daß sich sämtliche Sprüche zu Freiburg, Nürnberg, Bayern etc. als blamabler Unfug herausstellten, stört ihn nicht. Wer mit der Seligsprechung seiner selbst ausgelastet ist, erklärt den blasenwerfenden Sermon kurzerhand zum „schönen Leiden“ an der Unmöglichkeit des „ganz Anderen“. Parallel gilt es, Blochsche Heimat- und Vorscheinfrohbotschaften in Befehle zu übersetzen: „Dem herrschenden Positivismus muß immer das große Andere entgegengehalten werden.“

Wenn das Uli Hoeneß wüßte! sinnen wir malade, und Helmut „Ich, Goethe!“ Böttiger rauscht dazwischen, um seine Kritiker (deren Namen er verschweigt) zu belehren. „Schreiben über Fußball ist“ dank mir, Helmut, „zu einem aggressiv umkämpften Markt geworden“, und meine Neider reden heute „von einer ‘Böttiger-Schule’ [...], und es kam das Schlagwort vom ‘Fußball-Feuilletonismus’ auf“, und zwar nicht „in eher abgelegenen Zirkeln“, in denen man konspirativ „das Wörtchen ‘Netzerismus’ kreiert, um zeitgeistelnd ein Alt-68er-Denken zu brandmarken“, sondern in der *taz* und in diversen Buchpublikationen.

Jemand, der unerläßlich tumb verkündet, den Fußball geschichtsphilosophisch kohärent gedeutet zu haben („der ‘Club’ spielt mittlerweile konsequenterweise sogar in der dritten Liga“), ist nicht länger ernst zu nehmen; der steht neben sich und begafft freudig erregt, wie er folgenden Gesang auf seine Person kompostiert: „Der bereitliegende Vorwurf der Fußballpragmatiker gegen den ‘Fußballfeuilletonismus’ ist dessen vermeintlicher ‘Pessimismus’, eine Attitüde des ‘früher war alles besser’. So eindimensional darf man mein Motto von Franz Kafka, ‘Vielleicht hört der Fußball jetzt überhaupt auf’, aber nicht verstehen. Ich schließe mich Kafka in seiner ironischen Grundhaltung durchaus an [...]. Und es ist der Dichter Hölderlin, mit dem ich bei aller Wirrnis am Schluß ausrufe: ‘Wo Gefahr ist, wächst das Rettende auch.’“

Daß dem Meisterdenker schlußendlich nichts anderes als das Lieblingsgratisschrottzitat seines Lieblingsgratisfeindes H. Kohl einfällt – das ist mir, zerebrale Wirrnis hin oder her, das unerklärlichste aller Mysterien dieser gebeutelten Papierexistenz.

Ob es Kafka verdient, an Böttiger angeschlossen zu werden, möchten wir allerdings ganz konkret und unwiderruflich bezweifeln.

Also, Helmut Böttiger:

Ob Günter Netzer wirklich, so in Ihrer „autorisierten Biographie" *Günter Netzer – Manager und Rebell* (Frankfurt/Main 1994) beschrieben, im Pokalendspiel 1973 das Siegtor „wie eine Katharsis, die Schürzung des Knotens in der griechischen Tragödie" schoß, ist mit letzter Sicherheit nicht zu klären und wurscht. Aber daß Sie im weiten Rahmen Ihres Hauptwerkes *Kein Mann, kein Schuß, kein Tor* behaupten, der „legendäre Helmut Rahn" habe „mit seinem Schuß aus halblinker Position am 4. Juli 1954 in der 84. Minute uns allen wieder das deutsche Über-Ich" zurückgegeben – das ist mit letzter Sicherheit schon deshalb Unfug, weil Rahns Schuß von dezidiert halbrechts kam. Woran auch Sie, Böttiger, nicht rütteln werden, Sie sich also ein für allemal belehren lassen und wegen wiederholter Abseitsstellung nun doch mal eine Weile auf die Bank schleichen.

Totalitäre Metaphysik
Dirk Schümers Hermeneutik

Daß mehr und mehr Bücher über Fußball erscheinen, ist eine gute Sache. Vorbei sind die Zeiten, in denen man sich mit eher versteckten Publikationen begnügen mußte. Die augenblickliche Konjunktur schafft eine Situation, in der Politisierungsversuche deutlicher denn je Kontur gewinnen. Seit Peter Sloterdijk und der *Spiegel* während der Weltmeisterschaft 1996 das Paradigma vom „Fußball als Kulturgut" ersannen und die Knalljournaille fast geschlossen nachzog, hat die alltagskulturgeschichtliche Fußballsoziologie an Boden verloren. Zugleich trat eine die Vorzüge ästhetischer Distanz pflegende Literatur auf den Plan, die der Clique vagierender Diskursschwätzer nicht behagte.

Wie immer: Auch Dirk Schümers *Gott ist rund – Die Kultur des Fußballs* (Berlin 1996) wurde mit einer gewissen Spannung erwartet. Der *FAZ*-Feuilletonredakteur sorgt durch ausgreifende Analysen zur „nationalen Lage" des Fußballs für Kontroversen unter eher Gleichgesinnten. Der sympathisch hartnäckige Adorno-Schüler Dieter Bott stuft ihn als zynischen Parvenü ein, andere halten ihm zugute, er nenne beim Namen, was Sache sei – daß sich im Fußball nämlich jene technokratischen Imperative peu à peu durchsetzten, die längst alle relevanten Bereiche der Gesellschaft dominieren.

Die Widerspiegelungstheorie eines Gerhard Vinnai dürfte hie und da noch geläufig sein. Der stilistisch gewandtere Schümer kopiert sie einfach: „[...] die bleiernen Jahre der Terroristenzeit, in denen die neue Machtverteilung und der Generationswechsel gewaltsam ausgetragen wurde, fanden gleichfalls ihren fußballerischen Ausdruck in den zynischen, bis zur Rücksichtslosigkeit effizienten Zockertruppen um Schumacher, Kaltz und Reinders. Jupp Derwall, der verzagte Sicherheitsfußballer, wurde zum Zwillingsbruder von Horst Herold, dem Computerfahnder, der sich im Bundeskriminalamt verbarrikadierte."

Während Uwe Reinders sein Vermögen am Roulettisch verspielte, handelte Netzer, das ungleichzeitige Pendant, erfolgreicher. Er gilt Schöngeist Schümer, darin dem Antipoden Böttiger verwandt, als Indiz für eine von großen Männern gestaltete Republikgeschichte. Obwohl erregt über die kümmerlichen Reste der Libertinage, sprudelt es, der seligen Frühsiebziger gedenkend, aus ihm heraus: „Spieler wie Breitner und Hoeneß, Netzer oder gar Beckenbauer haben die Mentalität der Bundesrepublik nach 1968 entscheidender geprägt als jeder Künstler, Filmemacher und schon gar als jeder graue Funktionärsträger der Politik."

Wer „Mentalitäten", „Volk" und ähnliche Residuen des rechten Ressentiments bemüht und „Spieler baskischen Volkstums" entdeckt, hat's nicht leicht, die andererseits nüchtern vorgetragene Technokratisierungsthese gegen die Impulse der reaktionären Entfremdungskritik zu etablieren. Die „professionelle Ausbeutung des Fußballs für die Gemütslage der Nation" befinde sich erst am Anfang, lehrt Schümer, meint: dem Affen müsse künftig via Vermarktung („Fußball und Kapitalismus harmonieren prächtig miteinander, weil sie wesensgleich sind: Spiel und Markt sind eins") eine Art mystisches Einverständnis mit dem Ganzen geboten werden – Erkenntnisse banal wie Banane: „Was zählt, sind die Quoten."

Dennoch bringt Schümer, der kokettierend Inkompetente, höhere Hermeneutik in Anschlag. Sein Handwerkszeug: Bruchstücke Semiotik, ein Häppchen Systemtheorie, ein bisserl postmodernes Mediengeraune („Fußball, dieser lärmige Dauerwahlkampf, ist die fröhliche Kommunikation des Systems mit sich selbst. Die Politik, soweit sie das noch nicht getan hat, wird folgen"), die Analogie verschmäht er nicht: „'Im Mittelfeld sind wir optimal besetzt', hat der deutsche Nationaltrainer Hans-Hubert Vogts einmal selbstbewußt verlautbart und damit mehr über die Lage der Nation ausgesagt, als er ahnte." Obschon „Fußball selbstreferentiell und politisch völlig sinnlos ist", die Stufe der „selbstreferentiellen Unterhaltung" erreicht sei, ja, obgleich gelte: „Fußball ist Fußball. Er löst nichts auf und verspricht seinen Anhängern nichts" – trotz alledem regieren Schulze-Marmelings „Angestelltenfußball" und „gesichtslose multinationale Konzerne", offenbar nicht zum Nutzen des Spieles.

Laut Schümer wird (auch i. S. der beflissenen Konkurrenz der alternativen Bewegungsfront) alles unaufhaltsam schlimmer. Was er – neben Männern mit Ecken, Kanten, Charakter und Eiern o. s. ä. – vermißt, ist die Bindung an hehre Werte, an die Integrationskraft des Fußballs. Nikolaus von Kues' *De ludo globi* kommt zur rechten Zeit; ebenda sei der Weltsport „weltumspannend" konzipiert. „Man könnte sogar sagen: totalitär. Fußball lohnt die höchste begriffliche Anstrengung. Wenn wir alle seine Aspekte verstanden haben, dann haben wir auch das Leben verstanden."

Schümer, der *Gott ist rund* im Konvent verfaßte, da er dort den Stand der Dinge meinte deuten zu können und das Leben ohnehin, hätte genausogut Spinoza oder Schopenhauer auffahren und -blasen können, zu illustrieren, warum das Spiel als *ordo* zu gewärtigen sei, der den letzten substantiellen sozialen Zusammenhalt gewährt. Neokonservative Litaneien über die zweckrationale Organisation „unseres Lebens" verdecken nicht den Zuchtmeister, der weiß, daß noch etliche Schlachten um die Auslegungsmeisterschaft zu führen sind. „Fußball [...] als ökonomisches und moralisches Leitmedium", so Schümer, „verkörpert als Barometer unserer Zivilisation die jeweilige Situation der Gesellschaft, in der er gespielt wird."

Früher? „Manch junge Dame hielt bei derartigen Feierlichkeiten Ausschau nach einer guten Partie, was heute leider nicht mehr allzuoft geschieht." Während statt dessen und dem Klosterbruder zum Trost in den Stadien von Dortmund und München demnächst „ein Ort der Metaphysik" entstehen könnte.

Dann besser Handball.

Hypernotorische Postmoderne
Fußballfeuilletonismus im Endstadium

Blablabla. „Spätestens seit den Studien Helmut Böttigers [...] und Norbert Seitz' [...] wissen wir Bescheid um das Drama des deutschen Fußballs", vermeldete am 8. Juli 1995, in die Division Quatschfußballpublizistik neu eingerückt, Gerald Fricke, und bedurfte es weiterer Beweise, daß die Kritik des alles verkleisternden und egalweg zusammenfegenden Feuilletonismus ein nutzlos' Geschäft ist, hier, verflucht, sind sie: „Vom Kurzpaßspiel der Ära Schmidt direkt zur Kohlschen Strategie des Aussitzens und großer Koalitionen: Fußball und Politik in der Postmoderne", titelte Fricke. Bei Bewußtsein.

Worum geht es überhaupt? Bereits 1987 war Norbert Seitz mit *Bananenrepublik und Gurkentruppe* (Frankfurt/Main) der Nachweis einer „nahtlosen Übereinstimmung von Fußball und Politik" gelungen. Seine stehempfangskompatible Geschichtsschreibung eruierte, daß nur unter Helmut Schmidt, dem gewandten Interpreten Karl Poppers, der Angelsachse Kevin Keegan zu großer Form auflaufen konnte. Fußball spielte man an der Elbe gemäß den Gesetzen der regierenden Sozialdemokratie und den philosophischen Vorgaben ihres ersten Mannes. Bundesweit hatten früher die Mönchengladbacher Dänen dominiert, denn es war die Zeit des Kanzlers Brandt, der sich während des Faschismus bekanntermaßen im skandinavischen Exil verschanzen mußte.

Helmut Böttiger legte 1993 ein paar weitere Scheite dazu. Plötzlich hieß es, neben Willy Brandt (Ostentspannungspolitik) hätte Herbert Marcuse (und als Assistent Hegel) sein Scherflein zur Spielkultur 1971/73 beigetragen, nämlich insonderheit Günter Netzer „hegelianischen Fußball" praktiziert, was vordem, 1974, Karl Heinz Bohrer mit dem Diktum inaugurierte, dessen Pässe kämen aus der Tiefe des Raumes und atmeten den Geist der Utopie (hier war ursprünglich wohl Bloch sen. gemeint oder Dutschke).

Tantenhaft pariert Böttiger überdies die jüngste „Krise des deutschen Fußballs". Heutigen „Spielerpersönlichkeiten", so eine der vielen Mystifikationen, fehle der Sinn fürs ästhetische Auftreten, in dem einst die andere Vernunft (Marcuse) und Schönheit (Marcuse) und Utopie (Marcuse) erschienen. Matthäus jedenfalls, „Mann ohne Eigenschaften", repräsentiere den „unkreativen" Stil der Geldraffer „unserer Tage" und, mein Gott, er hat den Dreh raus, „das Mittelmaß der Freizeitgesellschaft".

Die eigentliche „Lichtgestalt" des feuilletonistischen Quarks, Tübingens W. Jens, er soll hier außen vor bleiben. Der ist schon gar zu heilig und verweht, sobald er die praktische Dialektik und Gesellschaftsutopie auf dem Platz ins TV peitscht. Nein, als finde Böttiger keine Ruhe, stachelt er die Analogiekunde zu immer gewagteren Traktaten an. Jeder Einspruch verpufft. Es röhrt unstillbar.

Wen das Gefühl beschleicht, der Rummel sei kaum mehr nachzuvollziehen und besser zu ignorieren, mag recht haben. Andererseits: Selbst *konkret* attackierte unterdessen den „notorischen Böttiger", und mit Gerald Frickes atemberaubender Studie (Untertitel: „Von Borussia lernen, heißt siegen lernen – Ottmar Hitzfeld ein Vorbild für Johannes Rau") ist der Scherzkeks regelrecht sekundärliteraturwürdig geworden, auf einer Stufe, auf der anything postmodern möglich zu sein scheint; z. B. die bange und klamme Frage zu stellen, was aus der Bundesliga, sorry: der Bundesrepublik werden soll: „Welche Auswirkungen hat schließlich der postmaterialistische Wertewandel auf das Spiel?" Um Fricke raunen zu lassen: „Man stelle sich vor: Außenminister Joschka Fischer besucht das Endspiel der Landesmeister zwischen AC Mailand und dem Freiburger SC, der HSV steigt endlich ab, die FDP löst sich auf – das wäre in der Tat eine andere Republik."

Woraus speist sich die Sicherheit der Prognose? „An diesen Analogien [Posttaylorismus-Rau-Sammer et al.] wird deutlich, daß die Geschichte der alten Bundesrepublik, in der Politik wie auf dem Rasen, von folgenden Strukturmerkmalen geprägt ist:" Und die spar' ich mir. Man muß nicht jeden Unflat zu Ende deklinieren, zumal evtl. satirisch „gemeinten" nicht.

Poptheorie des Fußballs?
Von Vollmer zu Zwerenz

Mittlerweile sehen sich selbst ambitionierte Häuser veranlaßt, ein Feld zu beackern, das einst als männliche Sauf-, Gröl- und Stumpfsinnswelt, als gründlich verächtlich zu machendes Freizeitgewerbe galt. „Ernsthafter" Kulturkritik vermochte der Fußball weder Raum zu geben noch Anlässe zu bieten. 1990 aber ging ein Ruck durch die Szene jener Intellektuellen, die man irrtümlich der bundesdeutschen Linken zugeschlagen hatte. Der unvermeidliche Cohn-Bendit, immer jemand, der die eigenen herausragenden Leistungen beim Frankfurter Ostparkturnier bejubelt, hielt es für angebracht, die nach dem Gewinn der Weltmeisterschaft 1990 abgehaltenen Landsmannschaftsumzüge „viel schöner als Kohl, die Wiedervereinigung und die Nürnberger Reichsparteitage" zu finden, während die Grünen-Vorsteherin und sudetendeutsch bewegte Ex-Maoistin A. Vollmer mit einem idealtypisch linksalternativen Geschwindel aufwartete. „Sie", die elf Erwählten Beckenbauers, „spielen auch irgendwie schön und irgendwie emanzipatorisch."

Wo die angestrebte Kooperation zwischen Deutschlandbegeisterten und Intellektuellen bereits zu funktionieren begann, machte sich im Feuilleton von *Frankfurter Rundschau*, *Süddeutscher Zeitung* und *ZEIT* die Sorge breit. Helmut Böttiger sah „Zynismus" gesellschaftlich am Werke, wenn der FC Bayern den Ball flach hielt, „Breisgau-Brasilianer" breisgaubrasilianisch spielen, insofern sie den kurzen Paß kultivierten.

Diese Albernheiten haben System. Fußballbücher, die der Verlag Die Werkstatt unter die Leserschaft knallt, sind nichts anderes als fiebrige Legendenliteratur für eine Klientel, die neben der Verehrung ihres Vereins „ein Stück" Überbau braucht, um die soziale Distanz zum gemeinen Racker auf den billigen Rängen zu unterstreichen. Dietrich Schulze-Marmelings Dortmund-Buch schaffte es auszugsweise ins Hochglanzmagazin *Sports/Life*; Holger Jenrichs Gladbach-Version referiert *Tore, Tränen & Triumphe* (Göttingen 1995) und sprengt alle Grenzen des seriösen Sportjournalismus: „Borussia Mönchengladbach sprengte die Grenzen des Fußballs, des Sports, ja der Gesellschaft. Borussia Mönchengladbach war in ihren besten Tagen Pop, Protest, Politik. Pop waren die langen Haare Günter Netzers, sein knallgelber Jaguar E, die Rolling-Stones-geschwängerte Schwärze seiner Discothek *Lovers*

Lane. Protest war der unbekümmerte und oft erfolglose Vorwärtsdrang der Borussen-Elf – gegen den Pragmatismus der Bayern, gegen die Allmacht des Geldes, gegen die Starre der Bundesrepublik. Politik waren die alle Grenzen sprengenden Pässe Günter Netzers." Kommt die Rede auf historische Eckmarken, muß partout wie folgt gefummelt werden: „Die Identität des Vereins, das Zusammengehörigkeitsgefühl der Spieler, den Spaß am Fußball hatten die Nationalsozialisten durch die rigide Durchmilitarisierung der Gesellschaft, durch die totale Disziplinierung zerstört. [...] Nachdem Hitler am 1. September 1939 das benachbarte Polen hatte überfallen lassen und machtlüstern einen Teil Europas nach dem anderen dem deutschen Reich einzuverleiben gedachte, war Krieg statt Kicken des deutschen Mannes Freizeitbeschäftigung. Mehr und mehr Fußballspieler trugen nun Soldatenuniformen statt Sporttrikot, schossen nun mit Gewehrkugeln statt Lederbällen, bekämpften nun statt fußballerische Rivalen aus Krefeld oder Köln vermeintliche Volksfeinde in Frankreich oder Litauen." Wer bricht zuerst?

Voller Unbehagen kommentiert Herausgeber Dietrich zur Nedden die Erfolgsgeschichte des SC Freiburg, die zum Medienereignis mutierte, an dem von *Spiegel* bis *FAZ* partizipierte, was dem Kulturetepetete frönte. *Das Freiburg-Fieber* (Frankfurt/Main 1995) ordnet die überbordenden Fälle des „feuilletonistisch hoch angereicherten Blödsinns [...], beispielsweise was die postulierte Verbindungslinie zwischen Fußball und Politik betrifft", und zeigt, daß es niemandem ums Spiel zu tun ist. Die Breisgauer hielten für ein Modell her, das mit den Gefühlsgaunereien der inventarisierten Spontiwelt operierte. Dankenswerterweise beschließt *Das Freiburg-Fieber* Michael Quasthoffs glänzende Demontage von „fußballbewegter Blödigkeit" und „wolkigem Pharisäertum": „Drunten an der Biegung der Dreisam, im 'milden, mediterranen Ambiente' zwischen Reben, gepflegter Langeweile und vorbildlichen Fahrradwegen, hat Böttiger [...] das Prinzip Hoffnung entdeckt. [...] Es blüht, so die Mär, in einer Art Kicker-Arkadien, wo Geld nicht alles ist und Inspiration regelmäßig über moderne Kraftsoccerei triumphiert, während sich auf der Gegengeraden 'Kleinbürger und Intelligenzia umarmen'. Daß diese Fraternisierung schon die Weimarer Republik zerstört hat, kümmert Böttiger nicht. 'Kein Ort in Deutschland, der weniger deutsch ist', jubiliert er und vergißt a), daß Goebbels in Freiburg studiert hat, b) mit welch urdeutschem Fanatismus der Freiburger Körner kaut, nicht raucht und reizende Frauen in Gesundheitsschuhe und

Beziehungsgespräche zwingt. Dafür spürt Böttiger hier endlich wieder die 'sensible Gemeinsamkeit zwischen dem Geist und den gemeinen Spielen des Volkes'. So kann man es auch nennen, wenn die Volksgemeinschaft aus Bummelstudenten und Weingrossisten beim Anstoß das tumb tümelnde Badener Lied in den Schwarzwaldhimmel grölt."

Wie aber dann über Fußball schreiben? „Der Fußball hierzulande krankt", goebbelt Schulze-Marmeling (*„Holt euch das Spiel zurück" – Fans und Fußball*, Göttingen 1995), „auch an dem Wandel der Zuschauer, der durch die Verbandsauflagen in Richtung Sitzplatzstadien beschleunigt wird." Da hört der Spaß natürlich auf. Ob allerdings die beschworene neue Gemeinde der Besserfans Abhilfe schaffen kann – man weiß es nicht. Christoph Biermanns Kaleidoskop aus Fanbiographien, *Wenn du am Spieltag beerdigt wirst, kann ich leider nicht kommen* (Köln 1995), vermag dagegen Bausteine einer „Geschichte des Zuschauens" zu liefern – oral history, ein Reigen unterschiedlicher Initiationserzählungen, ohne Überzeugungseifer und zwanghaft kommunizierte Anhängergesinnung, der durchaus die Möglichkeit einer „Poptheorie des Fußballs" (René Martens) eröffnet.

Da seit Gerhard Vinnais *Fußballsport als Ideologie* keine in die Komik des wissenschaftlichen Ungeschicks verrutschende Fußballtheorie erkennbar ist, sollte man sich an jene Literatur halten, die ihren Gegenstand virtuos traktiert. „Über das dritte Tor von England könnte man einen ganzen Roman schreiben", gab Wolfgang Overath zu bedenken, und solange den niemand packt, behält der Kanon – Horváth, Kracauer bis Eckhard Henscheid und Ror Wolf – seine Gültigkeit. Es sei denn, Gerhard Zwerenz wedelt ihn doch noch runter, den drei Tage und eine Ewigkeit annoncierten „Fußballroman".

Bzw. – eigentlich muß es nicht sein.

Clausewitz ist mit den Chilenen

Harte Zeiten in Frankreich

„Die Franzosen haben Fußball häufig als Fortsetzung des Krieges mit anderen Mitteln gesehen – frei nach Clausewitz", klabauterte die *FAZ* am 10. Juni 1998, dem Tag der Weltmeisterschaftseröffnung, herrisch in die Runde. Nicht die Nazis, erklärte Jürg Altwegg, sondern die Froschfresser waren die besten Nationalisten, als 1938 der erste europäische Mundial ausgetragen wurde: „Ein Land gedenkt, zelebriert, denkt zurück."

Hurra! Die Spiele gehen los. Und wie! Frankreich, schwankend zwischen Chirac und Jospin, Plumpheit und sozialistischer Besonnenheit, startet durch. Man könnte so denken. Was uns im Vorfeld die angeblich progressive Wochenzeitung *Jungle World* unter Federführung des Ex-*Sportkritik*-Redakteurs Martin Krauß an Phrasenschund servierte, macht schaudern. Daß deutscher Fußball ohne Netzer ein Dreck sei und die BRD partout nicht gewinnen könne, gilt als beschlossen. Wir möchten weinen. Deuter rechts und Deuter links langweilen stärker denn je. Nie war die propädeutische Publizistik öder.

Wenden wir uns dem Wesentlichen zu. Klaus Allofs, frisch bestallter ZDF-Experte, läßt Eistanzspezi Rudi Cerne alt aussehen. Allofs begreift, worum es geht, und nervt nicht mit verqueren „Analysen". Ein unerwartet Kluger.

„Das Spiel schmeckt nach mehr!" zurrte frühzeitig der eingebremste Béla Réthy die Maßstäbe fest, wurde jedoch bald durch einen entfesselten Rolf Töpperwien übertrumpft: „Das Stadion ist mit den Chilenen." Eurosport konterte zeitversetzt. „Eine amputierte Schwalbe!" Holla.

Frankreich, laut *FAZ* Botschafter der Globalisierung, führte während der Eröffnungsfeier, einem „frohen Fest der Sinne" (*heute*), das ridikülste Gerümpel der Aufmarschgeschichte ins Quartier. Vier zwanzig Meter hohe und dreißig Tonnen schwere „Fußballgötter" schleppten sich (1,4 km/h) Richtung Place de la Concorde. Herr Hefele rief entsetzt an und glaubte, seit 1930 keinen größeren „Scheiß" gesehen zu haben. Gelassener blickten Kürten und Kalli hinter ihren orangenen Mikrophonen drein und belächelten Kollege Thomas „Aua, die Backe!" Wark, der entschied: „Solbakken hat sich hier in England beim FC Wimbledon nicht durchsetzen können."

Schaltungen nach Rio, zur dt. Pressekonferenz, und Udo Lattek übt für DSF, *Hattrick-WM – Der Nike-Doppelpaß*, vor Bistrokulisse das „Kaffeesatzrühren" (W. Hartmann). Ein Plausch in die Leere, eine sog. WM-Börse der Uni Witten-Herdecke, und irgendwer zeigt „die Fähigkeit, den Ball lieb zu haben" – es dürfte schwer werden.

Mißlicher Mistral

Eine Reporterleistungsschau

Einen sauberen WM-Start legte das beliebte Mörfelden-Walldorfer Anzeigenblatt *Blitz-Tip* hin, da es am 10. Juni Alexander Rohrbeck, zehn Jahre, die Möglichkeit bot, in einer schon selten genialen Mischung aus prophetischer Gabe und eiskaltem Fußballsachverstand zu erklären: „Oliver Bierhoff finde ich toll, weil er die richtigen Tore im richtigen Moment schießt."

Weniger gut kamen unsere öffentlich-rechtlichen Reporter aus den Blöcken. Bereits am 12. Juni haute der laut *Sport Bild* vom 8. April auf der ARD-Setzliste als „Nummer 1" plazierte BR-Mann Rubenbauer geschlagene fünfundvierzig Minuten derart gekonnt daneben, daß man das Allerschlimmste befürchten durfte – und im weiteren Verlauf des World Cups aber auch keinen Augenblick enttäuscht wurde.

Im richtigen Moment entweder das Richtige zu sagen oder mal den schier maßlosen Rand zu halten, fällt dem erzjovialen Gaudiburschen hörbar schwer. Sein Timing ist eine Katastrophe, seine fachliche Inkompetenz von überirdischem Glanze. Olaf Thon mußte gegen die USA lediglich den Ball über die Seitenlinie köpfen, um Rubenbauer zu den schaurigsten Lobgesängen auf die „brillante taktische Vorstellung der Deutschen" zu animieren. Zwischendurch sah er einen sog. „Preßkopfball", wenn ihn nicht gerade „die mitfiebernden Damen auf der Tribüne" zu sehr irritierten.

Gerd Rubenbauer „hat eine exotische Gruppe entdeckt, die er überall auf der Welt treffen kann: die Frauen", kommentierte die *Süddeutsche Zeitung* (22. Juni), und der „Medienexperte" Heinz Günter Clobes, so die Nürnberger *Abendzeitung* (19. Juni), trat nach: „Unmöglich, was Rubenbauer bietet." Nie zuvor gab die Presse den schnatternden Haudraufs ähnlich viel Saures. Von *stern* bis *Bild* bekommen sie Zunder. Dabei trifft es merkwürdigerweise keineswegs besonders häufig den schlechthin nicht satisfaktionsfähigen Waldemar Hartmann, die dubiosen Expertenrunden, die klären sollen, was der fachmännische Reporter verpennte, oder ZDF-Glossator Hennes Gally, der am 21. Juni eine mächtig witzige, ja virtuos-elegante Kolumne über Ronaldos Hasenzähne arrangierte. Selbst der stets etwas ermattet schnaufende Béla Réthy kommt trotz seines gewagten Satzes „Und das da vorne, was aussieht wie 'ne Klobürste, das ist Valderama" (Kolumbien – Tunesien, 22. Juni) ungeschoren davon. Wahrscheinlich vermag gar Joh. B. Kerner, der nachweislich über Fußball keine Ahnung hat („Die Spanier scheinen nicht mehr so tausend Prozent konzentriert") und mittlerweile den Titel „Mehmet Scholl der TV-Kommentatoren" (*Abendzeitung*, 22. Juni) trägt, gegen Herrenwitzausstatter Rubenbauer einfach nichts auszurichten und darf deshalb relativ unbeachtet dilettieren.

Mein Lieblingstor Heribert „Sturmführer" (25. Juni 1998) Faßbender allerdings treibt es noch wilder als Rubenbauer oder Wilfried Mohren, der immerhin den „Mann mit den roten Haaren" erkannte. In bewährter Manier wirft er sämtliche Spielernamen durcheinander; hat er sich an einem ungewöhnlichen, neuen Wort festgebissen, läßt er neunzig Minuten lang freudig erregt den „Mistralwind" wehen und hält währenddessen, besessen von der Idee der Wetterbeobachtung, hartnäckig Deschamps für Desailly, sie klingen aber auch allzu ähnlich. Verzückt lauscht er der Brise, hört den Schiri pfeifen und versichert uns Daheimgebliebenen, die wir glockenrein alles mitbekommen: „Er hat gepfiffen. Durch den Wind hört man den Pfiff auch nicht hier oben auf der Tribüne."

Da droben stürmt es halt gewaltig, die Ereignisse überschlagen sich, selbst ein fünfunddreißig Jahre seinen Dienst tapfer verrichtender Chefreporter ist da schon mal gleichsam durch den Wind und von der Rolle. Fritz Pleitgen, der dem Einzigartigen sehr zu Recht das Endspiel zuschanzte, wehrt jede Kritik am WDR-Sportchef ab. „Die Reporter von ARD und ZDF sind Persönlichkeiten", diktierte er dem *kicker*, was Faßbender prompt als Aufforderung verstand, sich umgehend brav heiser zu reden. Seine Begleitmusik zu Argentinien – England (30. Juni) weckte die schönsten Erinnerungen an des Sprachtycoons legendären Röchelauftritt bei der WM-Qualifikationsbegegnung Deutschland – Armenien (10. September 1997). Gegenüber *Bild* (1. Juli) versicherte er, die hitzigen Pausendiskussionen „über die Elfer" seien schuld gewesen, womöglich steckte ihm jedoch bloß noch der kalte Mistral in den Gliedern. Jedenfalls fabulierte er zu St. Etienne wie spaßig erregt und quiekend vergnügt („Haha, und Batistuta begrüßt sein Baby"), registrierte „in einem englischen Stadion in einem ehemaligen Kohlerevier Frankreichs" in nahezu perfektem Spanisch: „Es ist keine Linie drin im Spiel der Argentinos" – und erklärte schließlich, munter faselnd und fahrig krächzend, dem derweil arg entkräfteten Zuschauer vorm Elfmeterschießen: „Wir erleben jetzt Neuland." Bzw.: „Hier spielen sich unglaubliche Szenen ab." Obschon die Spieler matt herumlagen.

Einen verheerenden Fehler beging das öffentlich-rechtliche Fernsehen, als es nach der EM 1992 den Co-Kommentator und mit ihm den inkommensurablen Laienplauderer Karl-Heinz Rummenigge abschaffte. Faßbender hatte dem *kicker* (2. Juni) versprochen, er wolle „sparsam kommentieren"; sein ehedem größter Widersacher, der kühl agierende Rudi Michel, wies mich kürzlich darauf hin, man solle statt von Co-Kommentatoren, wie sie das Alternativprogramm Eurosport noch immer einsetzt, lieber von Contra-Kommentatoren sprechen. Fürwahr: Die Narreteien, welche da ein radikal indisponierter Andreas Brehme zur Aufführung bringt, laufen den letzten verbliebenen Vernunftkriterien zuwider. Während es am 12. Juni anläßlich der Begegnung Saudi-Arabien – Dänemark vergleichsweise harmlos aus dem Kasten ratterte: „Al-Temawi hat noch nicht die Form für die Fitneß, die er angeboten hat mit der Nummer acht", lief Brehme spätestens bei Deutschland – Jugoslawien zu eigenständig großer Form auf. „Ja, der ist da in der ersten Halbzeit ja auch viel marschiert und ist einer der Besten der Deutschen", lobte er flüssig Jens Jeremies, röhrte dann ein emphatisches „Arrrrggh" und ein engagiertes „Boaarrrr" in den Äther, um, zwischen Konsterniertheit und offenkundiger Trunkenheit lavierend, zittrig zu bekennen: „Ja, hoffenlichisnichzuspät!" „Von der Einstellung her stimmt die Einstellung", lehrte Brummkopf Brehme, und als der Ausgleich gefallen war, deutete er souverän die Entstehung des Treffers: „Da sieht man natürlich, Standardsituation, da kann man viel machen", sogar Tore.

Den schönsten Satz jedoch sprach, Brehmes peinvoll putzige Performance weit überflügelnd, Faßbender höchstpersönlich – und merkte es nicht mal. Im Spiel Frankreich – Südafrika (12. Juni) fuhr es urplötzlich aus ihm heraus: „Das roch nach Handspiel von Fish." Parbleu! Einen Dreh bravouröser hätte ich gleichwohl gefunden: „Das stank aber gewaltig nach Hand von Fish, der mit dem Kopf nicht mehr hinkam."

Bis zum Finale am 12. Juli wird sich Faßbender steigern. Ich möcht' ihn fast drum bitten.

Schöngeist Scheu

Wie man da zu sechst nach der Länderspielpartie DFB – Finnland beim Italiener *Piemonte* in der Nürnberger Zerzabelshofer Hauptstraße, vis-à-vis des ehemaligen Alten ZABO, des Platzes derer um Stuhlfauth und Morlock, hockt, seine zwei St.-Georgen-Kellerbier-Steinkrüge oder Weinkaraffen leert und schönen Anekdoten aus dem Reporterleben lauscht, ja jene Miniaturprosastücke richtig zufrieden umwölkt auf sich einwirken läßt, Balsam für die Wunden, die der Nationalrausch vor wenigen Stunden geschlagen hat, wenn denn Räusche Wunden schlagen; wie man da so sitzt, widerfährt einem glatt etwas die kleinteilig hergestellte Wohligkeit extra Toppendes –: insofern ich ein zirka zwei Jahrzehnte lang gut genährtes Vorurteil abschreiben, revidieren und zum Teufel jagen muß; nämlich der Fußball-, Motorsport- und Skisprungspezialist Hans-Reinhard Scheu vom Südwestfunk und neuerdings vom Voß-geführten SWR sei ein Muster an Langweiligkeit, beamtenhaft-scheinobjektiver Sorgfalt und daher sprachlich-darstellerischer Einfalt.

Nein, das ist er nicht, er, der, soviel sei verraten, gleich nahezu jedem dem berüchtigten Betzenberg sich nähernden Menschen unter der ebenda obwaltenden Niedertracht zu leiden hat, weil ihm die Fans übelnehmen, bei gebotener Gelegenheit eine miserable Vorstellung der heiligen Kühe called „Roten Teufel“ eine miserable Vorstellung zu nennen; der darob während eines Benefizspiels geschmäht und ausgepfiffen wurde und sich nur durch einen 20-Meter-Winkelschuß Luft und Erleichterung verschaffen konnte.

Scheu paßt, dachte ich trotzig töricht Saison um Saison, wenn samstags die WDR-Konferenz ihre Wundertüte öffnete, zu diesem Verein hinten im tiefsten Pfälzer Wald, zu dieser Bande quasi-mafioser Clublenker – die noch heute litaneiartig das „absolute Vertrauensverhältnis“ aller gegenüber allen predigen und stolz verkünden: „Otto ist unser Leibeigener“ (Vorstandsvorsitzender Atze Friedrich laut *Bild*, 1. April 1999) – und hochneurotischer Fans, den Trainerposten bestuhlender Zwangscharaktere (Rehhagel) und schiedsrichterbeeinflußender Chargen und Knalltüten; zu diesem Club, der sämtliche Stilmittel, Sozialtechniken und Medienstrategien der vormodern tümelnden Germanenmeierei zur penetranten Anwendung bringt und in die brachiale Synthese zwingt. Das dachte ich. Ich leiste Abbitte.

Scheu, am Gasttisch des *Piemonte*, hat Witz und Geist und gar französischen Esprit, ist nicht einen Deut deutsch-beflissen, nicht zähledern faktenverliebt, aktendeckeldoof, nicht verbissen und wadenbeißerisch. Sondern vielmehr derart pointenstark, daß er die Kollegen Armin Lehmann (WDR) und Günther Koch (BR) locker auskonterte und den gesamten Tisch regelrecht zum beglückenden Lachen reizte.

Später, vor dem Hotel, sprang er aus dem Wagen, schnappte sich Eimer und Wischer und polierte, während seine mehrfach getadelte „Kopfhörerfrisur" die letzte Façon verlor, flink die Windschutzscheibe, als interessiere ihn eher Chaplin denn Chapuisat. Ich saß dahinter, prustete wie nicht gescheit und hörte den Situationskomiker zu Koch sagen: „Damit du wenigstens beim Rumgurken durchblickst." Das also ist Hans-Reinhard Scheu.

Sollte der distinguierte, filigrane Schlußpunktsetzer, der Jokus über Jokus in die Runde pfeffernde Artist nun aber auch rein gar nichts von seiner hellen und schnellen Freundlichkeit kommenden Reportagen einverleiben, selbst dann höre ich fortan den allzu fachlich-vornehm kommentierenden Scheu mit ganz anderen Augen.

Und wünsche dennoch den Pfälzer Saukerlen keinen Sieg. Man muß standhaft bleiben.

Wir haben einfach unser Wohnzimmer ins Bernabeu-Stadion geholt und das gemacht, was wir so gern tun: lästern!

Günther Jauch in: *Sport Bild*, 8. April 1998

Mit Hammer und Stöckchen
Der Fall des Tores

Madrid, Stadion Bernabeu, 1. April 1998, ein Tor bricht zusammen.

90.000 Zuschauer warten gespannt auf das Champions-League-Halbfinal-Hinspiel zwischen Real und Borussia Dortmund. Doch das Tor wackelt, sinkt, stürzt.

4 blau gewandete, 3 graubraune Herren eilen herzu und ein metallicblauer Herr. Reporter Reif redet. Schon steht es wieder, indes auf wacklig' Beinen nur.

Ein Schwenk, ein Rund. Unerhörte Stille, 21 Uhr, eine Viertelstunde nach planmäßigem Spielbeginn. In knappem, aber sattem Grase liegt er majestätisch unbeeindruckt, der Hammer, der helfende, „Du Instrument / des Aufbaus / und des Abbaus" (F. W. Bernstein), der Hammer, du häßlich und auch hoffnungsspendend formunschön stählern Ding, du rabiater und ruhender Knecht der Verantwortlichennatur.

Schlaff und stumm hängt das Netz, Kanthölzer versprechen Rettung als an Bruchstellen eingeführte Notstandbeine, matt das Netz gesunken zu etwas abendfeuchtem Boden, reifbestreutem Rasen hinab.

„Jetzt das Ganze noch ins Lot gebracht", frohlöcket Reif, nein, das sieht man, das geht ja nicht! Abbruch droht wie weiland (3. April 1971) nach Herbert Laumens Borussentorbeschädigung gegen die Werderaner, nein, Anpfiff schon dräut vereitelt zu werden durch den Fall des Tores.

„Das sah wie eine relativ saubere Schnittstelle aus. Könnte es theoretisch auch Sabotage gewesen sein?" fragt im UEFA-himmelblauen Studio Herr Jauch den Dortmundborussen und gelernten Kupferschmied Toni „Schumacher". – „Nein, ich glaube nicht Sabotage."

Helfen „Streichhölzchen" bei etwaigen späteren vielleicht ja „Lattenkrachern"? 3 Blaue und 1 Grauer knapsen und knuddeln am noch immer sehr schamvoll trauertragend laschen und fast traurigen Netz herum, das Tor, es steht, provisorisch bloß. „Da herrscht schon jede Menge

Hektik und Nervosität in den Katakomben, man spürt das körperlich", überträgt Potofski live „in Color" (Reif), Teddy de Beer beruhigt die etwas nachdrücklicher aufgewühlte und vorrückende Stimmung: „Wir wollen uns mal auf die Spanier verlassen, daß die hier in der Lage sind, 'nen Tor zu reparieren und da vielleicht 'nen Nagel reinzuhauen."

Der Nagel tut's ja nicht und täte nichts. Rein nichts! „Im Moment sieht's ziemlich bitter aus", sagt Teddy, das Tor klappt abermals und nun scheint's endgültig und entkräftet zusammen, sinkt, platt liegt es da, 3 Blaue und 1 Olivgrauer zurren wieder etwas und tupfen oder tippen, 6 Schwarze stehen, gut im Raum verteilt, sinnend, praktisch grübelnd herum.

„Also, schweißen wär' jetzt groß angesagt", rät der alte Kupferschmied. Eine Spachtel sehen wir, verzagtes Picken, eine Gummizange, man klopft ein wenig. Schutzlos nacktes Gestänge, gebrochen, tragen 5 Männer plötzlich weg.

„Jetzt müssen spanische Heimwerker schnell ein neues Tor schnitzen", empfiehlt Herr Jauch. Wir müssen beinah' weinen schon. Dunkel klafft das Pfostenloch, das Netz verweilt, allein.

21.18 Uhr, „das große Buch der Fußballgeschichte muß um ein neues Kapitel erweitert werden" (Jauch), der Hammer, jetzt von links und eher leicht von oben schräg das Bilde füllend, schläft. „Also, reinhauen wird nicht gehen." (Reif) Was dann? „Jetzt fummeln die", sagt Reif, „an dem Netz herum, das ist so wie Fischer", „genau", jauchzt Jauch, „spanische Fischer." – „Ja." (Reif)

Das neue Tor kommt nicht.

Es lacht die deutsche Runde kugelpfundig herzlich frisch, sie haben solche Schwierigkeiten nicht. Wieder fällt da replaymäßig elendig das Tor von rechts, knickt ein, zieht linke Seite zügig nach und patscht ganz unsympathisch hin. „Das ist wirklich wie ein Dorfverein." (Jauch)

Es ist zu Madrid aber vieles stark „marode und verrottet" (Schumacher), kein Leben mehr jetzt auf dem bläßlich grünen Felde, weit dehnet sich die fahle Fläche unbespielt, das Netz ruht still. Milchig schwimmt diffuses Licht. „Achtung, er nimmt den Hammer weg! Aus!" ruft Reif.

Nun gehe man ein neues holen, ein Standtor wohl, und lasse das alte im Stich und in den Katakomben. „Achtung, die Blauen sind wieder da!" paukt Reif, er sieht am besten, von oben laut hinab, das Netz, man knöddelt, faltet es zusammen, schleppet es hinfort. „Holzbeine sollten das werden“, deutet Reif die Szene, „aber das war dann nix.“

„Ich habe gerade gesehen“, schaltet Potofski flink sich dazwischen, „daß man gerade ein Tor zusammenhaut, aber niemand darf photographieren, ein geheimes Tor“, und nun wird es ja schon hereingetragen, es hakt a bisserl im Sicherheitszaun, das Standtor, 18 tapfere Mannen hängen dran und ziehn und zerren für die Wende der Ereignisse. Hölzer, Heringe. Und Haken auch. Und der Schiri zweifelt erst, hebt dann den Daumen doch, sagt ja zum „Trainingstor“, ein Hilfs-, ein Nottor aus den Höhlen Bernabeus, das Ersatz- und Rettungstor. „Da ist wieder unser Mann mit dem Hämmerchen, unser Berufsfischer“, quiekt Reif, die Spanaken aber und die blöden Funktionäre schaffen nun frisch erstrahlend festen Blicks am Netz und spannen es, das Netz, das müde, legen Steine auf die neuen Toresfüße, noch wird geflickt, damit es ein Gesicht auch hat, „Wie die messen!“ jammelt Jauch, „Mein lieber Schwan, Bezirksliga!“ prustet Reif, es geht ihm einer ab: „Ooohhh Gottt!“

Die Sache wird ein „Nachspiel“ haben.

Noch lange werden uns die Verzweiflungsschreie von Günther Koch in den Ohren klingen.

Nürnberger Nachrichten, 31. Mai 1999

Depperter FCN
Katastrophe in Fortsetzung

Für ein Feature des Bayerischen Rundfunks zum neunzigsten Geburtstag des 1. FC Nürnberg (4. Mai 1990) befragte Radioreporter Günther Koch die Schreibwarenladeninhaberin Elisabeth Knoll, was am 24. Juni 1961, dem Tag des Endspiels um die Deutsche Meisterschaft, passiert sei, als man mit dem Sonderzug in Hannover eintraf und auf die Anhänger von Borussia Dortmund stieß. Und Frau Knoll, bis heute eine jener oft besungenen unbeugsamen Club-Anhänger, die selbst den Abgang in die Regionalliga nicht durch Stadionboykott quittieren, erzählt: „Im selben Momend kummt vo der Gegenrichtung numol a Zuch. Ein Gwerch und ein Gschrei woar auf dem Bahnschdeich. Etz schaumer hie, etz woar des der Sonderzuch vo Dordmund. Heit wer des nemmer drin."

Dieser Tage liest sich der Niedergang des einst europaweit für sein ausgeklügeltes Kurzpaßspiel geachteten Vereins wie ein soziologisches Experiment über Mittel und Wege, intakte Mannschaften zu demontieren und erfolgversprechendes Management zu konterkarieren. 1963 verantwortete man die erste Trainerentlassung der Bundesligageschichte, verramschte nach der Meisterschaft 1968 die halbe Mannschaft, stieg folglich – auch dies singulär – als amtierender Titelträger ab, gurkte zehn Jahre in Regional- und Zweiter Liga herum und fand erst unter Trainer Heinz Höher und im Anschluß an die Niederschlagung des legendären „Spieleraufstandes" zu einem jungen, entwicklungsfähigen Team, das aber selbstverständlich mit dem Erreichen des UEFA-Pokal-Platzes 1988 erneut – Abnehmer diesmal: der FC Bayern – verscherbelt wurde. Ergebnis: die bislang von keinem zweiten deutschen Verein annähernd erreichten Schulden bei offiziösen 25 Mio. Mark. Es ist seit fünfundzwanzig Jahren ein wahres „Gwerch", die reine Misere.

Das Autorentrio Christoph Bausenwein/Harald Kaiser/Bernd Siegler hat *Die Legende vom Club* (Göttingen 1996) nachgezeichnet, stupend kenntnisreich, detailliert und unverhohlen parteiisch. Dürften präzise Quellenarbeit und ausführliche Statistiken, Spielerporträts und Essays etwa zum clubtypischen Stil dem Fan ein Labsal sein, überzeugt die flüssige Darstellung dort auch den distanzierten Betrachter, wo hochkomische Zeugnisse und Zeitzeugenberichte die Kurvenfahrten der Vereinsgeschichte illustrieren.

Michael A. Roth, derzeit im zweiten Anlauf amtierender, ruinös ambitionierter Präsident, glänzte von 1979 bis 1982 durch acht Trainersuspendierungen. „Horst Heese wurde von Roth gefeuert, weil ein Boulevardjournalist getitelt hatte: 'Heute fliegt Horst Heese.' Roth hinterher: 'Was sollte ich denn anderes machen, nachdem es schon in der Zeitung stand.'“ Schatzmeister Ingo Böbel betrieb eine buchhalterisch akribisch dokumentierte Schwarzgeldwirtschaft zu eigenen Gunsten (120.000 Mark Spesen per annum) und durfte 1994 von baß erstaunten Richtern dreieinhalb Jahre verknackt werden. Der Provinzwichtel Gerhard Voack tat ein gleiches und weilte standesgemäß in Untersuchungshaft. Davor und dazwischen lagen ein Bundesligaminusrekord (auswärts 0:58 Punkte), mythische Probleme beim Elfmeterschießen und die stets wiederkehrende falsche Gewißheit, nach den glorreichen zwanziger Jahren mit Hannes Kalb und Heiner Stuhlfauth, mit Popp, Träg, Strobel und Kugler, nach 1948, nach Morlock, nach 1961 und nach Dorfner, Eckstein, Reuter, Grahammer und Köpke erneut zu einer „Spitzenmannschaft“ (Franz Brungs) zu reifen.

Über die notorische Schwäche diverser Werkstatt-Publikationen, den Fußball der Arbeiterklasse zuzuschanzen, hinsichtlich des deutschen Faschismus halbherzig auf politische Verwicklungen des Vereins zu verweisen und ihn gleichwohl in seiner vorgeblich reinen Gestalt zu retten, über diese einmal mehr eklatante Nachlässigkeit „reden wir jetzt mal nicht“ (G. Koch). Preisen wollen wir ein Werk, das sogar Klaus Schamberger und seinem gegenüber dem Club via *Abendzeitung* geäußerten Verdacht, „daß er ein Depp ist“, den Glanz der Ewigkeit verleiht.

So es einen Fußballgott gibt, erwirkt er jedoch die Deutsche Meisterschaft evtl. fürs Jahr 2001. Dann wird ein neues Buch geschrieben.

PS 1999: Dessen erstes Kapitel das hiesige zu skizzieren genötigt ist; und das kaum vom Titel schwadroniert (gleich dem korrupten 98er Werkstatt-Band *Wir sind wieder da* der Herren Bausenwein/Kaiser/Liedel/Siegler); sondern dem unglaublichsten Abstieg der Fußballgeschichte und der Fassungslosigkeit Raum zu geben versucht, die wenige Tage vorher bereits das Champions-League-Finale Manchester United – Bayern München ausgelöst hatte („Ist Gott ein Manu-Fan?"; *Sport Bild*, 1. Juni 1999).

Nun, „wie geht's weiter mit dem Club?" rätselte die *Abendzeitung* (31. Mai 1999) und erhielt zur Antwort Durchhalteparolen an der CSU-Front („sofortiger Wiederaufstieg") und eine einzige abweichende Position, die Günther Kochs: „Der Club sollte den Hachingern das Angebot machen, ihre Heimspiele im Frankenstadion auszutragen. Da können die Nürnberger lernen, wie ohne große Worte professionell gearbeitet wird."

Unterhaching rauscht rauf, Nürnberg runter. Irgendwer hatte die Meise. Präsi Roth? Trainer Friedel Rausch? Der Verein als solcher?

„Bei der selbstverschuldeten Katastrophe gegen Freiburg" (Günter Wild, Weimar, via Internet) handelte es sich um die seltsamste Demontage, die Unmöglichkeit per se. „Dreimal war Frankfurt schon raus", brüllte *BamS* (30. Mai 1999), in der 85. Minute der Club durch Nikls 1:2 wieder drin, die Eintracht legt das 5:1 gegen die willfährigen Lauterer nach, Frank Baumann schießt, 89. Minute, aus drei Metern Freiburgs Keeper an und spediert seinen baldigen Ex-Verein bei gleicher Tordifferenz und weniger erzielten Treffern in die Zweite Liga – schnurgerade von Tabellenplatz 12.

„'Ich verspreche, es wird nichts mehr passieren', hatte Rausch vor einer Woche nach dem 1:1 in Rostock getönt. Die 42.800 Zuschauer im Frankenstadion wurden vor dem Spiel mehrmals an die große Nichtabstiegs-Feier erinnert" (*Abendzeitung*), die im Frankfurter Waldstadion um Jörg Berger, der „sogar die Titanic gerettet hätte" (*Bild Frankfurt*, 31. Mai 1999), stattfand.

Der „brutalste Abstieg aller Zeiten" („Was hat das Frankenland dem Fußball-Gott getan?"; *Bild*): „Ungläubiges Entsetzen füllte die Arena. Ganze Familien lagen sich weinend in den Armen, sogar auf der Pressetribüne standen erwachsenen Journalisten Tränen in den Augen [...], ein Niedergang der vierten Dimension [...], tausendfach schlug das Leiden in Wut um; die Wehrlosigkeit, mit der sich die Mannschaft in ihr Schicksal fügte, machte am Ende auch den Präsidenten sprachlos" (*Nürnberger Nachrichten*, 31. Mai 1999); der prompt den Dauerkartenverkauf anschob und die Preise erhöhte.

Wer am 29. Mai Radio gehört hatte, war ausnahmsweise Toni Schumachers Meinung: „Fußball im Radio, das ist mit den Ohren sehen." (*Man sieht ja mit den Ohren*, ARD, 4. März 1999) Die Presse stand montags zu Recht geschlossen Kopf. „Vielen Dank, gutes altes Radio!" titelte die trantütige *Rheinische Post*, „selbst alte Fußball-Hasser", urteilte die *Fußball-Woche*, „werden sich kaum erinnern, jemals ein solches Herzschlag-Finale erlebt zu haben", wenn alte Fußballhasser jemals ein Herzschlagfinale erleben. 11 Millionen Einschaltquote: „Es war", gestand WDR-Hörfunksportchef Dietmar Schott, „die wohl dramatischste Sendung, die ich je gemacht habe" (*Bild*), „es war ein großer Radiotag", ja, der zweite nach Barcelona („zwei geheimnisvolle, unerklärbare Fußball-Tage"; *EXPRESS*), der zum dritten Mal Günther Koch kürte, „die fränkische Kultfigur", „den Inbegriff des rasenden Reporters" (*kikker*), den, sagen wir's halt, „Weltklasse-Reporter" (Martin Häuser, Augsburg): „Wenn ich jetzt im nachhinein an seine Beiträge denke, bin ich immer noch fasziniert. Jetzt bin ich zwar kein großer Anhänger des 1. FC Nürnberg, aber auf Grund seiner mitreißenden Art habe ich sogar um den Club gebangt."

Nicht allein. Koch war „einfach sensationell", so ein niederländischer Bochum-Fan, „der absolute Hammer" (Claus Arndt), ein „Ohren-Schmaus" (*Bild*) , schlicht „der große Hörfunk-Reporter" (*Berliner Zeitung*), „der Spitze war" (*Saarbrücker Zeitung*) – und den Kanal vom Provinzfürstengewese und Großmaultum des Doubles Rausch und Roth voll hatte, aufhören wollte, in die Offensive ging und der *taz* ein Interview gab:

Günther, wie geht es dir heute?

Nicht einmal das weiß ich.

Wie konnte dieser Abstieg passieren? Sind's unglückliche Umstände gewesen, oder waltet ein Naturgesetz, das besagt, der Club verspielt in letzter Minute gegen Freiburg den Klassenerhalt – siehe 1994?

Diesmal war es noch schlimmer. Diesmal lag es am fehlenden Charakter der Verantwortlichen auf dem Rasen und vor allem auf der Bank. Rausch, dieser Besserwisser, der mich neulich wegen meiner zu objektiven Reportagen öffentlich auf primitive Weise anmachte, faselte während der Woche was von Platz zehn. Roth hat sich von diesem Blender täuschen lassen. Die Mannschaft offenbar nicht. Sicher war es auch vollkommen verkehrt, daß der Präsident in den entscheidenden zwei Wochen vor dem Saisonfinale abermals im Urlaub war.

Deine Reportage in der ARD-Schlußkonferenz war nicht nur zum Herzzerreißen tragisch, leidenschaftlich, sondern hat auch die Grenzen des Jour-

nalismus gesprengt. Du hast den Hörern vermittelt, das alles nicht mehr auszuhalten, körperlich, psychisch.

Meine Aufgabe ist es, immer und überall ein wahrheitsgemäßes, objektives und dennoch eindringlich persönliches Bild vom *Augenblick* wiederzugeben. Das versuchte ich auch gestern, am 29. Mai. Und da bringe ich mich voll mit ein. Das hat der Hörer verdient. Als die Fans, ja die Kollegen immer wieder rat- und hilfesuchend zu mir herüberschauten und ich das Unglück kommen sah, mußte ich das allgemeine Entsetzen über das tragische Gebaren unten auf und neben dem Spielfeld in Worte und Bilder umsetzen.

Manfred Breuckmann vom WDR sprach dir über den Äther sein ehrliches Beileid aus.

Das hat mich gerührt und gestärkt und ehrt die lieben Kollegen. Nach dem Spiel und bis spät in die Nacht haben mir überraschend viele BR- und ARD-Kollegen ihren Respekt z. T. sogar schriftlich gezollt. Das hat mir sehr geholfen. Danke.

Denkst du nach dieser Woche – du hast auch das Champions-League-Finale übertragen – übers Aufhören nach? Zumindest, was den Club betrifft? Oder ist es einfach dein Schicksal, das Elend an der Noris zur Sprache zu bringen?

Sicher brauche ich jetzt erst mal ein paar Wochen Abstand und Pause vom Fußball, dann sehe ich weiter.

Das Gespräch hatte Folgen. Vergessen, daß die *WELT* auf Seite drei die Schlußminuten dokumentierte („Ende der Konferenz. Günther Koch schweigt") und *Sport Bild* dem erhabenen Ereignis eine Langstrecke widmete – man sah weiter und in Nürnbergs Führeretagen rot. Schon nach dem Rostock-Spiel meldete dazumal *Bild Nürnberg*: „Friedel Rausch zoffte sich mit Radio-Legende Günther Koch. Friedels Vorwurf: Die 'Stimme Frankens' würde zu negativ über den FCN berichten. Rausch: 'Ich habe gehört, montags spielt er Fußball. Da werde ich ihm mal zeigen, wo's langgeht.'"

Ebenda: „Der Konter von Rausch-Gefolgsmann Good [Club-Manager, d. Verf.]: 'Durch seinen Haß auf den Club sagt Koch unkontrollierte Sachen. Wenn es wirklich sein Ernst ist, hat er Wahrnehmungs-Störungen der eklatanten Art." (*Bild Nürnberg*, 26. Juni 1999) Genau. Die „Privatfehde zwischen Radio-Star Günther Koch und dem Club-Coach", zwischen einem erwiesenermaßen Fähigen und einem erwiesenermaßen Unfähigen, „geht weiter. Rausch gestern: 'Was der Koch so von sich gibt, geht mir am A... vorbei.'" (*Abendzeitung*, 26. Juni 1999)

Nun stand er, der Arsch, endgültig offen. Kochs Titulierung „faselnder Blender" machte Medienkarriere. Leser und Presse prömmelten um die Wette. „Ohne den Club wäre Koch keine Kultfigur", quäkte die *Abendzeitungs*-Käuferschaft und inkriminierte „verbale Ausrutscher" des offensichtlich Vereinsangestellten. Dasselbe Blatt suchte zu beschwichtigen, „seid nachsichtig mit unserer Radio-Kultfigur" (2. Juli 1999), und hauchte ins Horn: „Koch und Rausch, die beiden werden wohl nie mehr Freunde."

Provinz = Posse. Das essentiell Dämliche des Winkelgemüts sezierte Holger L. Bolland (Nürnberg): „Es handelt sich somit nur um ein Symptom einer Erkrankung, die die gesamte Stadt erfaßt hat. Sicher ist Ihnen nicht entgangen, daß dieses Reihum-auf-die-Schulter-Klopfen, dieses Hochjubeln von Dritt- zu Erstklassigkeit sowie die mit Inkompetenz gepaarte Arroganz nahezu alle Teile des öffentlichen Lebens wie eine Pilzkrankheit befallen hat. [...] Was wäre ein Fußballnachmittag ohne Sie am Mikrophon? Wäre Ihre Weigerung, nicht mehr als Sportreporter tätig zu sein, die richtige Antwort auf Machenschaften von versoffenen Jungmillionären?"

Nüchtern hatte Koch dem *plärrer* 7/1999 erklärt, er sei „ratlos, aber auch sehr verärgert", Rausch könne ihn nach wie vor „nicht blenden!", und der FCN sei „ein Verein ohne Pressesprecher, den man Pressesprecher nennen dürfte. Es ist ein Verein ohne Manager, den man Manager nennen dürfte. Es ist ein Verein ohne Präsidium, das man so nennen dürfte. Was sind das für Leute, die da im Präsidium sitzen? Das sagt sogar Trainer Rausch, wenn Clubpräsident Roth nicht dabei ist. Dazu kommt Provinzialismus, gepaart mit Geltungsbedürfnis und einer zu willfährigen Presse vor Ort."

Die ihrerseits die dubiosen Kuriositäten forcierte. „Seit Wochen schon", keulte die *Abendzeitung* (12. Juli 1999), „kracht es zwischen Club-Coach Friedel Rausch und Rundfunkreporter Günther Koch, Tendenz eskalierend."

Aber stracks. 14. Juli, Seite eins: „Der Krach um Rausch – Jetzt greift der Club-Boß ein", denn Rausch, der nie eine größere Stadt als Mönchengladbach, Kaiserslautern oder Nürnberg gesehen hat, entdeckte unterdessen „die einflußreichen Geheim-Trainer am Werk. Nürnbergs fußballkundiger Radio-Star Günther Koch sei – da ist Rausch überzeugt

– an der Intrige gegen ihn maßgeblich beteiligt. [...] 'Man will mich absägen' – und mit 'man' ist Club-Reporter Günther Koch gemeint."

Der Reporter, der weder dem Club noch Franken gehört, meinte lediglich, was hatte hören können, wer seine Lauscher aufstellte. Der Wahnsinn ballte sich massiver und massiver. „Koch vermutet", berichtete die *Abendzeitung*, „daß der Krach mit seiner Reportage vom Spiel 1. FCN gegen Bremen (O-Ton Koch: '1:1, das war der Abstieg') am 20. Februar begann. Rausch schlug am 21. Mai, einen Tag vor dem 1:1 des FCN in Rostock, zurück, kanzelte Koch vor Journalisten ab: 'Keine Ahnung, aber alles schlecht machen.'"

So spricht's, so ging den Verantwortlichen jede Orientierung verlustig – ein zu Nürnberg und speziell beim Club lang tradiertes Verhaltensmuster, ein Syndrom der psychischen Überforderung, das in autoritäres Gebaren und Verschwörungsdenken umschlägt. „'Wenn Koch die 100-Jahr-Feier 2000 moderiert'", bölkte Rausch, „'werden Mannschaft und ich nicht erscheinen.' [...] Rausch ließ sogar eine Reportage von Koch ('Ich vermute, die vom Bremen-Spiel') anfordern und wollte sie den Profis vorspielen." Als Antimotivationstrick? Als Feindanalyse?

Gegenüber den *Nürnberger Nachrichten* (14. Juli 1999) legte Rausch seine edle Gesinnung vollends offen: Wer nicht meiner Ansicht ist, ist nicht mein Freund, und wer nicht mein Freund ist, ist kein Journalist: „Im Grunde ärgere ich mich nur über den Radioreporter Günther Koch, der seit einiger Zeit alles hier in Frage stellt. Das Präsidium macht er schlecht und auch den Trainer und seine Arbeit. Das breitet er über diverse Medien aus. Ich finde das einfach schwach. Nach allem, was er über mich gesagt hat, kann der Mann nicht mehr mein Freund sein."

Will er das? Muß er das? Und mußte *Bild Nürnberg* alles abermals falscher und krummer referieren? „Im Fahrwasser des gekränkten Koch tummeln sich [die Präsidiumsmitglieder, d. Verf.] Monin, Wild und Kampmann, die allesamt nur auf einen schlechten Saison-Start warten – um dann richtig loszufeuern!" (14. Juli 1999)

Rausch ballerte. Das geplante Treffen zwischen ihm, Roth und Koch lehnte er laut *Bild* (15. Juli) ab: „Für mich ist dieser Mann gestorben. Meinetwegen kann sich der Präsident mit ihm treffen, ich jedenfalls werde das nicht tun. Aber bei passender Gelegenheit sage ich schon noch meine Meinung über den Bayern-Fan Koch."

Am 21. Juli überschüttete er Koch mit Komplimenten, bis die Schlagsahne im Friedenskaffee gerann.

100 Jahre 1. FC Nürnberg, 100 Jahre peinliche Pein – Fortsetzung folgt fürchterlich.

Beide bevorzugten die Sendungen über Fußballwettspiele. „O bitte nicht“, bat Dolly den Richter, als er versuchte, ihr die Spielregeln zu erklären. „Ich liebe das Geheimnisvolle daran. Jedermann schreit aus vollem Hals, und die Zeit geht herrlich vorbei. Wenn ich wüßte warum, dann würde es nicht mehr so stark und glücklich klingen.“

Truman Capote: *Die Grasharfe*

Unterhaltung mit dem Ball

Wider die Wiederkäuer

Günther Koch wurde oft gelobt. In der *Süddeutschen Zeitung* und der *Woche,* in der *ZEIT,* der *Frankfurter Rundschau* und der *jungen Welt* stimmte man die schönsten Lobgesänge an. Nicht wenigen gilt er jedoch selbst ohne publizistische Adelung als der beste lebende deutschsprachige Fußballreporter. Seine zwanzigjährige Radiopräsenz liefert dafür Gründe genug.

Werner Hansch nannte es „die Tragödie der deutschen Fußballberichterstattung, daß Günther Koch noch von keinem internationalen Großereignis berichten durfte“. Seit seiner Reportage von der premiere-verschlüsselten Begegnung zwischen dem FC Barcelona und Bayern München am 16. April 1996 ist der freie Mitarbeiter des Bayerischen Rundfunks allerdings wieder in aller Munde. Europapokalspiele des FC Bayern kommentiert er auch künftig live und über die volle Distanz, und Franz Muxeneder, Hörfunksportchef des Bayerischen Rundfunks, schickte ihn zur Freude vieler Hörer zuletzt immer öfter nach München.

Sitzt man neunzig Minuten lang neben Koch, wird beinahe körperlich spürbar, was seine Arbeit ausmacht: Zwischen dem Arrangement konfus beschrifteter Zettel verfolgt er das Spiel, gibt Schneidekommandos, spricht mit dem Ü-Wagen; in gewöhnlich nur wenige Sekunden dauernden Pausen saugt er am Rillo und disponiert notfalls kurzfristig Senderabrufe um. Steht die Leitung, schnellt seine freie linke Hand hoch, und weit ausholende Gesten begleiten das Geschehen auf dem Platz. Die meist sekundengenau eingehaltene Sprechzeit nutzt er schließlich für eine Verbalperformance, die ihresgleichen sucht.

„Mit viel Optimismus ging er an den Ball, er drosch ihn übers Tor“, kommentierte Koch am 7. September 1997 im Münchner Olympiastadion eine der erfolglosen Bemühungen des Stürmers Stefan Kuntz. Über sein eigenes Verhältnis zum Fußball, zum Fernsehen und zum Radio gab er Gerd Fischer und d. Verf. Auskunft.

Seit 1977 bist du als freier Mitarbeiter beim Bayerischen Rundfunk beschäftigt. Wie kam's dazu?

Ich bin eigentlich zum Rundfunk gekommen, weil ich einen frechen Brief geschrieben und gesagt hab', das, was ich da gehört habe, das mache ich mit links noch besser. Und, man höre und staune, Fritz Hausmann, der Hörfunkchef beim Bayerischen Rundfunk, hat mir damals schließlich die Chance gegeben: Na, beweisen Sie's doch mal. Da hab' ich gesagt: Na, also gut, dann mach' ich's, und so war ich, nach einer echten Ochsentour im Probesprechen allerdings, mehr oder weniger dabei.

Die Kritik der TV-gerechten Aufbereitung des Fußballs durch ran *ist unterdessen zum Gemeingut geworden. Was zeichnet aber gegenüber dem Fernsehkasperltheater das Radio wirklich aus?*

Das Einzigartige am Hörfunk und an der Direktfußballreportage ist, daß der Hörfunkreporter alles mit sprachlichen Mitteln bewerkstelligen muß. Mir ist ganz wichtig, daß die Sprache nicht verkümmert. Radio zeichnet sich als Kulturgut aus, wenn Sprache möglichst perfekt und ungekünstelt, aber zugleich druckreif und dennoch emotional und frisch über den Äther kommt. Ich empfinde einen solchen Anspruch als unheimliche Herausforderung: spontan ein Spiel mitzuspielen, mitzulesen und praktisch wie bei einem Drahtseilakt ohne Netz volles Risiko zu fahren und eine Mischung aus Hörspiel und Kommentar und Spielschilderung und Analyse und Wertung hinzubekommen – jeden Samstag aufs neue, denn jeder Samstag hat seine eigenen Vorzeichen. Die Menschen sollen merken, daß es mir Freude macht, daß ich es für sie mache. Und da kommt Fernsehen überhaupt nicht mit, das ist Trockenfutter, nachbereitet und noch mal künstlich aufgepeppt.

Sowohl gegenüber der Nachberichterstattung als auch gegenüber der Liveübertragung ist der besondere Reiz des Hörfunks, daß der Kommentator Bilder malt. Der Hörfunkreporter muß in der Lage sein, im Kopf des Hörers Bilder zu entwickeln, während im Fernsehen die Bilder geliefert werden. Da sehen alle dasselbe, und der Ton, abgesehen vom Stadionton, wird fast entbehrlich. Der sogenannte Kommentator entwickelt sich eben auch immer häufiger zum Werbeaffen oder DJ. Einen Reporter gibt es im Fernsehen ohnehin nicht, das haben die längst begriffen, aber auch den sog. Kommentator braucht es da beinahe nicht.

Während der Fußballreporter im Radio sein ureigenes Betätigungsfeld findet? Nach deiner Reportage vom Spiel Barcelona gegen Bayern hieß es im Aktuellen Sport-Studio *jedenfalls euphorisch, man habe der „Wiedergeburt des Hörfunks" beiwohnen können.*

Ja, Barcelona war schon etwas Besonderes, aber von „Wiedergeburt" wurde wahrscheinlich gesprochen, weil die regelmäßigen Übertragungen kompletter Spiele auf *B 5 aktuell* weniger bekannt sind. Doch es stimmt: Nur im Radio ist der Fußballreporter zu Hause. Das Faszinierende am Radio ist, daß ich in der unmittelbaren Situation des Spiels als Reporter am Ball bin, dann will ich mein Bestes geben und fühle auch mit, was in den Spielern vorgeht, weil ich das ja alles in ähnlicher Situation auch schon erlebt hab', zwar nicht gegen Barcelona, sondern, ist ja wurscht, in der A-Klasse; aber ich kenn' das, und auch an meiner Stimme soll der Hörer merken, in welcher Verfassung ich bin und was das für ein Spiel ist, das ich da gerade übertragen darf oder muß.

Zum größten Erlebnis wird die Übertragung, wenn ich einen Spielzug komplett schildere und der Schütze endlich den Ball ins Tor schießt – und dann das Geräusch, die Kulisse stehenlassen und sagen kann: Jetzt schießt er, Achtung – – –: Das ist das Größte, und das kann mir kein anderes Medium geben. Im Fernsehen brauch' ich ja nicht zu sagen, daß ein Tor fällt, höchstens: Na, und jetzt ...?!

Ans Radio reicht Fernsehen nie und nimmer heran. Radio ist spontan, Fernsehen weitgehend gestellt. Ich unterhalte mich mit dem Ball, ich bin am Ball, und es gibt keine größere Herausforderung. Du bist so angespannt. Nach einer Bundesligareportage fühle ich mich ähnlich leer und fast so erschöpft wie jeder Spieler.

Wie viele Abrufe kommen während eines Bundesligaspiels aus den gut ein Dutzend Funkhäusern?

Allein vor 16.55 Uhr können es bis zu 23, 24 Einblendungen sein, und dann kommt noch die große ARD-Schlußkonferenz, und dann kommen noch zwei, drei Kommentare und ein Flash. Das soll erst mal einer nachmachen! Da kommt kein Glattgebügelter im Sponsorsakko vom Fernsehen mit. Keiner.

Und ich habe oft beobachtet, daß Leute, die dabei sind, den Kopfhörer aufhaben und mitkriegen, welches Durcheinander oft in den Funkhäusern herrscht und welche Fehlschaltungen dann und wann passieren – einmal hatte ich plötzlich klassische Musik auf dem Kopfhörer und mußte aber doch meine Reportage abliefern, wußte nicht, ob ich gehört werde oder nicht –; da habe ich erlebt, daß der eine oder andere Beobachter entnervt den Kopfhörer runtergerissen und sich 'ne Zigarette angezündet und gesagt hat, er würde das nicht mehr aushalten. Das ist die Anspannung, das ist auch der Reiz. Du weißt danach wirklich, was du getan hast, und du hast keine Pause, das ist das Tolle.

Ein Erlebnis?

Ja. Aus meiner Sicht: Ganz klar ja – noch dazu, weil ich Schneidekommando hab', ich muß Punkt 53 anfangen, ich muß sagen: Noch dreißig Sekunden ab jetzt, dann muß ich da runterschauen, ob der die Hose verliert, einen Elfmeter macht, 'nen Gegner anspuckt, oder ob er ausgewechselt wird, hallo Funkhaus, noch fünfzehn Sekunden, hab' keine Zeit, mir was aufzuschreiben, weiß jetzt noch nicht, was ich sagen will, krieg' jetzt noch das Kommando: Paß fei auf, nach zwei Minuten machst du eine Zäsur von zwei Sekunden, da wird Radio Bremen eher aussteigen, sag' ich: Noch fünf Sekunden, hab' fünf oder acht Informationen, sechs oder sieben Gedanken im Kopf, noch zwei Sekunden – und dann laß ich's einfach laufen. Dann geh' ich drauf. Und dann ist alles volles Risiko. Dann ist es so, als ob ich ein Dribbling ansetze und mich festfahre und dann noch mal anfangen muß, das ist eben *das* Erlebnis. Und dann muß ich wieder auf die Uhr schauen, ob ich noch zehn Sekunden habe oder nicht, ob ich weitermachen kann oder nicht, ob schon der nächste kommt, muß dann zurückgeben, und dann geh' ich wieder rein – und das vierundzwanzig oder dreiundzwanzig Mal, und dann kommt die Konferenzreportage. Also, es ist Wahnsinn.

Es erzählt der eine oder andere Kollege, daß du ab und an während der Konferenzschaltung das Kommando, doch bitteschön zurückzugeben, ignorierst und einfach weiterkommentierst, weil sich halt so Wichtiges tut ...

[lacht] ... ja, das erzählen wir wahrscheinlich alle, weil wir alle so fiebern und jeder drankommen will und jeder so viel sieht und sagen will. Es kommt tatsächlich vor, daß man in dieser Konferenz – manche haben ja schon gesagt: Konkurrenzschaltung – mal was überhört. Ich lasse mich auch nicht rauswerfen, wenn ich der Meinung bin, daß ich jetzt dies oder das noch sagen muß. Das Schlimmste, was ich allerdings mal gemacht habe – und das hat mir der entsprechende Funkhauschef auch nie verzie-

hen –, war, daß ich ihn aus der Konferenz mit den Worten rausgeschmissen habe: Ich muß unterbrechen, denn hier fällt gleich ein Tor.

Und dann fiel es?

Und dann fiel es. Und ein andermal, als ich das Kommando bekam weiterzugeben – nein, das besagte Tor fiel doch nicht, weil der blöde Burdenski den noch gehalten hat, aber es war ein Cluberer, der von rechts frei aufs Tor zugelaufen kam –; in einer anderen Situation jedenfalls fiel ein Tor, da habe ich gesagt: Nein, Moment, ich kann noch nicht weitergeben nach Stuttgart, ich bleibe noch zehn Sekunden länger, denn jetzt fällt gleich ein Tor. Und das ist dann tatsächlich gefallen. So, jetzt ham wir das Tor, jetzt gehen wir weiter. Und das war natürlich der Gipfel der Frechheit.

Vorfahrt hat also automatisch der, der „Tor" schreit?

Ja, das sowieso.

Und dann geht man unaufgefordert raus ...

... aber man hört das selbst nicht immer. Wenn ich im Stadion sitze, um mich rum dreißig- oder sechzigtausend, ich höre meine Stimme, irgend jemand schreit da, dann kann es passieren, daß ich's das erstemal nicht genau wahrnehme, weil der Regler nicht richtig offen ist. Denn wir hören ja auch die Kulissen aus allen Stadien, und wenn das Tor zur selben Zeit fällt ...

... in solchen Momenten tauchen dann auch von dir eingeführte Elemente der Radioreportage auf, beispielsweise, daß du im Fall eines umstrittenen Elfmeters unter Kollegen eine Blitzumfrage startest und reihum wissen willst, ob's einer war oder nicht.

Ja, da kann ich mich dann nicht bremsen. Wenn ich merke, jetzt gibt's eine Situation, bei der ich ganz klar der Meinung bin, das ist anders, dann will ich alle mit einbinden in die Entscheidung und hol' mir, wen ich kriege, stehe auf und gehe mit dem Mikrophon auf die Nächstbesten, die das Pech haben, in meiner Nähe zu sein, zu und spreche sie an. Es ist interessant für den Hörer zu wissen, was der Zeitungs- oder der Rundfunkkollege in genau diesem Moment sagt. Nicht morgen! Jetzt! Morgen sind alle schlau. *Jetzt* muß ich die Wahrheit finden. Und *jetzt* muß ich sagen, was Sache ist. Hinterher kann ich nichts mehr korrigieren, und jetzt bin ich gefragt: War der gut, oder war der schlecht? Oder wie haben Sie diesen oder jenen Spieler gesehen? Ich muß mich sofort entscheiden.

Grob gesagt lassen sich wohl zwei Traditionen unterscheiden. Da wären einerseits – und diesem Zweig rechnest du dich wahrscheinlich am ehesten zu – Herbert Zimmermann, Edi Finger, die bis zur Verausgabung engagierten Radioreporter. Und dann kam das Fernsehen und mit ihm Rudi Michel als Gründervater der deutschsprachigen Fernsehfußballberichterstattung. Von ihm ging die Regel aus, man habe geflissentlich zu schweigen, das meiste sei ohnehin zu sehen. Zu fragen wäre doch, ob etwa ein Werner Hansch, ganz despektierlich gesagt, einfach fehl am Platz ist im Fernsehen?

Das glaube ich nicht. Fehl am Platz sind jene Kollegen, die nicht Fußball spielen, die den Fußball als Ersatz für offenbar entgangene wirkliche berufliche Tätigkeiten benutzen – manchen merkt man übrigens wenigstens noch etwas Unbehagen darüber an, daß sie mehr und mehr zum Werbeclown mutieren; fehl am Platz sind also Kommentatoren, bei denen ich höre, die liefern eine Arbeit ab, mit der sie ganz gut verdienen, auch in der Öffentlichkeit stehen, aber die nicht am liebsten selber mitspielen würden. Und beim Werner Hansch habe ich schon das Gefühl, daß er ganz gerne mitspielen würde. Er übertreibt nur manchmal. Im Radio war er besser, denn beim Radio ist er wirklich direkt am Ball. Im Vergleich zu seinen WDR-Zeiten wirkt er nun halt mitunter gekünstelt.

Natürlich soll man auch ein bißchen mit der Zeit gehen, man kann da schon ein paar Informationen rübergeben, auch ein paar witzige Sachen loslassen, aber das darf nicht wie am Tag vorher in der Badewanne vorbereitet klingen. Und man darf auch nicht das Gefühl haben, da liest einer ab und ist jetzt aus Versehen schon in der zweiten Zeile, oder er ist schon ein paar Worte weiter als das Bild. Das tut dann schon weh.

Bei ein oder zwei Fernsehkollegen merkt man, daß sie durchaus frei sprechen, und an denen habe ich auch meine Freude. Ganz so trocken, wie es ein Rudi Michel gemacht hat, würde das heute wahrscheinlich auch nicht mehr ankommen. Als Fernsehreporter gut zu sein, ist vielleicht auf der anderen Seite sogar schwieriger als für den Radiomann, der letztlich grenzenlose Freiheiten genießt.

Wie bereitest du dich auf eine Livehörfunkreportage vor, wann mehr, wann weniger, und wie schaffst du es, während des Spiels zwischen der kontrollierten Mitteilung von Informationen und einer Spontaneität zu balancieren, die das Gefühl vermittelt, du würdest am liebsten auf den Platz springen und denen zeigen, wie es geht?

Also, das weiß ich selber nicht. Zunächst ist natürlich klar, daß ich mich gründlich vorbereite. Und ich muß sagen, die Vorbereitung für eine Reportage dauert wesentlich länger als die Reportage selbst. Das sind in der Regel immer fünf, sechs Stunden. Wenn man alles zusammenzählt, bereite ich mich permanent vor, jeden Tag, indem ich die Fachpresse lese, indem ich selbst Fußball spiele, bei jedem Fußballspiel, auch mit Altinternationalen und Pressekollegen, Kleinigkeiten wiedererlebe, die sich in einem Spiel wiederholen. Wenn mir der Tasso Wild zum Beispiel oder der Rudi Wabra den Ball durch die Beine schiebt, und ich bleibe einfach stehen, taucht die Frage auf: War das jetzt Sperren oder nicht? Im Spiel kann ich's somit ganz anders nachempfinden und schildern.

Zum zweiten würde ich nie Spieler kritisieren oder fertigmachen wollen, weil ich mir sehr gut vorstellen kann, wie einem Spieler zumute ist, wenn er Fehler macht. Und die Mischung? Die stellt sich ganz plötzlich ein, da lebe ich im Spiel, und wenn die Situation da ist, kann ich gar nicht mehr denken. Dann geh' ich mit Gottvertrauen und mit Risikofreudigkeit – manchmal wundere ich mich hinterher selber, was ich alles gesagt habe – einfach rein und versuche so zu sein wie auch der Kumpel auf der Stehtribüne, die es ja leider nicht mehr gibt, oder der Zuschauer auf der Gegengeraden.

Fakten spielen eine Rolle, dürfen aber nicht im Mittelpunkt stehen. Ich bringe die in einem Affentempo, und Stimmung und Temperament, was man mir früher auch immer wieder vorgeworfen hat, jetzt allerdings nicht mehr, und das Gefühl sind viel wichtiger. Ich muß halt auch ein Gefühl und einen Blick dafür haben, ob ich jetzt zum Ball gehen muß oder ob ich ein bißchen ausholen kann.

Man hört da raus, daß es Unterschiede gibt: zum einen den Eckenzähler, den Bürokraten, und zum anderen jemanden wie dich, dem man ja in diesem Zusammenhang wahrscheinlich ein wenig Parteilichkeit vorwirft, speziell, wenn der 1. FC Nürnberg spielt. Als der Club am letzten Spieltag der Saison 1993/94 in Dortmund hoffnungslos zurücklag und der Abstieg besiegelt war, hieß es in der Konferenz: „Tja, Günther Koch, wenn's so bleibt, ist der Club, ist Ihr Club abgestiegen, oder?" Und deine Antwort: „Unser Club." Ist Parteilichkeit unerläßlich, um eine gute Reportage abzuliefern?

Ja, die Parteilichkeit. Das ist eine ganz interessante Frage. Am meisten haben mich in meinen Anfangsjahren Briefe aus dem Westen bestärkt und gefreut, in denen mir bestätigt wurde, daß der Mann bei aller Liebe zum 1. FC Nürnberg immer objektiv gewesen ist, daß er praktisch, wenn der Gegner besser war, das auch laut und deutlich gesagt hat. Man darf meine sog. Parteilichkeit durchhören, man darf hören, daß ich traurig bin, wenn der Club verliert, obwohl er gut gespielt hat. Aber ich bin absolut gerecht und da vielleicht dem Club gegenüber sogar noch kritischer, gerade weil ich ihn sozusagen liebe – und das hört man dann und wann auch.

Bei einem anderen Spiel, als der Club mal 4:0 gegen Bayern gewann, hab' ich mich schon sehr aufgeführt, geb' ich ja zu – aber weil der Club so gut war. Bin da runtergestiegen und hätte am liebsten jeden Spieler noch aus dem Spiel heraus interviewt, hab' die Bayern-Bank interviewt, und die waren ja auch toll und haben sofort Interviews gegeben. Aber da wurde dann vom Moderator im Münchner Funkhaus gesagt: „Na ja, man gönnt sich ja sonst nichts in Franken."

Ein Nürnberg-Fan bemerkte mal, Günther Koch sei „unser Mann beim Bayerischen Rundfunk", eine Art Stellvertreter der Basis. Du bist Club-Fan, Club-Mitglied, also mit dem Verein eng verbunden, hast dich aber nicht in interne politische Entwicklungen eingeschaltet. Warum hast du, sozusagen als Heldentenor des 1. FC Nürnberg, nicht dazwischengehauen, als sich die ganze Misere durch die entsprechenden Machenschaften des Vorstands abzeichnete? Warum mußte alles schiefgehen und den Club so weit runterbringen, bis in die „Gehöfteliga", wie du in deiner Zabo-*Kolumne geklagt hast?*

Lange Zeit hab' ich geglaubt, eine Mitgliedschaft mit meiner Reportertätigkeit überhaupt nicht vereinbaren zu können. Dann hab' ich's mir anders überlegt und bin sehr spät, im Mai 1993, doch Mitglied geworden. Da ging es dem Verein bereits so dreckig, daß ich wenigstens durch meinen Beitrag etwas leisten wollte. Bei allem, was vor Mai 1993 war oder lief, hätte ich gar kein Recht gehabt, mich in irgendeiner Form einzuschalten. Das sehe ich auch nicht als meine journalistische Aufgabe an, mich ins Vereinsleben einzuschalten. Wann immer ich allerdings Fehlentscheidungen kommen sah, habe ich das in Fernsehfeatures oder Rundfunkkommentaren in aller Deutlichkeit angeprangert. Sich selbst in die Vereinspolitik einzumischen, ist aber sicher nicht die Aufgabe des ansonsten noch so engagierten Fußballreporters!

Auch heute, da ich fast ausschließlich mit Bayern- oder Sechzig-Spielen betraut bin, komme ich vom Club nicht los. Und es kann mir durchaus mal passieren, daß man das in der Reportage zumindest durchhört. Natürlich sehne ich den Tag herbei, da ich wieder live aus dem Frankenstadion über den Club und ein Spiel der Ersten Bundesliga berichten kann. Schließlich wohne ich seit weit über dreißig Jahren einen Steinwurf vom Frankenstadion entfernt, auch wenn ich meine ersten fußballerischen Erfahrungen in der Kindheit vornehmlich auf der Straße beim Kellerfensterln in München-Schwabing, in der Neureutherstraße, dann auf dem Rasen neben der Alten Pinakothek und besonders samstags bis in die Dunkelheit genau da gesammelt habe, wo heute das Olympiastadion steht.

Du weist oft darauf hin, daß mehr Spieler aus der Region im ortsansässigen Club gefördert werden und spielen sollten. Gibt es denn gegenüber dem sog. Kapitalfußball auf lokaler Ebene Möglichkeiten, einen wie immer gestalteten emanzipativen Fußball, manche sprechen auch von einem linken Fußball, zu entwickeln? Menotti hat mehrfach behauptet, der linke Fußball werde von Straßenfußballern gespielt, die ein Moment der Freiheit repräsentieren, das unverfälscht ist durch die ganzen Bedrängnisse der verwalteten Welt im entwickelten Kapitalismus. So weit hat er es getrieben.

Grundsätzlich würde ich sagen, es gibt heute keinen linken Fußball. Aber es hat ihn, der Überzeugung bin ich allerdings, bei uns ansatzweise sehr wohl gegeben, als auch in der Bundesrepublik noch eine linke Bewegung präsent war, also Ende der sechziger, Anfang und Mitte der siebziger Jahre.

Wie äußert sich linker Fußball auf dem Platz, oder erkennt man ihn nur an den Haaren und am Auto?

Ganz instinktiv denke ich auch an die Zeit mit einem Breitner und mit einem Netzer. Da sehe ich die wehenden Haare im Wembley-Stadion und dieses wirklich unkonventionelle Marschieren und freie Spielen, das eben auch oft losgelöst war von irgendwelchen taktischen Zwängen. Aber die Zeit ist eine andere geworden. Für das linke Moment ist im heutigen, gänzlich wildgewordenen Kapitalismus leider fast kein Platz mehr – und auf dem Fußballfeld erst recht nicht.

Über Netzer wird immer wieder gesagt, seine weiten Pässe atmeten den Geist der Utopie. Und sobald die Taktik ins Spiel kommt, ist es rechter, ist es Angestelltenfußball.

Wenn nur nach Schema F gespielt wird, breit, breit, breit, quer, dann kann man von Bürokraten- oder Angestelltenfußball reden, von Establishment. Immerhin haben wir noch die Freiburger und die Sechziger und in anderer Tradition z. B. den VfL Bochum, Mannschaften, die so ein bißchen aussichtslos dagegenspielen. Aber ich würde nie beim Fußball an einen linken Fußball denken. Dazu ist mir der Fußball auch zu schade ...

... daß er politisch aufgeladen wird?

Genau. Also, das trenne ich schon gewaltig. Das würde ich auch immer so sehen. Nein, nein. Obwohl ich mich sehr wohl als politischen Menschen verstehe.

Aber insgesamt sieht es wenigstens in Sachen Radiofußballreportage gar nicht so übel aus?

Jedenfalls *will* ich das nicht glauben, auch wenn viele Kollegen von mir argwöhnen, daß die Kunstform der Rundfunklivereportage mehr und mehr der Dudelfunkmentalität zum Opfer fallen wird. Für mich ist die Rundfunkreportage die letzte wirkliche klassische Reportage. Und was man auch nicht vergessen darf: An die Rundfunkreportage werden im heutigen Fernsehzeitalter viel höhere Ansprüche gestellt als vor Jahrzehnten. Und doch weiß ich, daß es immer wieder neue, junge, sog. „geborene Reporter" fürs Radio geben wird, wenn die sich nicht, was zu befürchten ist, vom Fernsehen kaufen lassen.

Wenn es allerdings, womit andere rechnen, so weit geht, daß nicht mehr live abgerufen werden kann, sobald irgendwo grad ein Strafstoß gepfiffen wird, sondern dann die Musik zu Ende gedudelt wird und es nur eine Nachbetrachtung gibt: Dann kann ich aufhören. Also, das werde ich dann nicht machen. Das kann ein anderer, das kann jeder, das kann auch der Computer. Dann ist Ende. Ich bin kein Nachkäuer, kein Wiederkäuer.

Es geht, solange es geht.
Otto Rehhagel

Quälgeist Rehhagel
Doppelt dumm, dialektisch dual

Nach vierzehn Jahren schweißtreibendster Aufbauarbeit an der Weser, in stets partnerschaftlichem Verhältnis zur Gemeinde und ihren Bürgern und Gebietern, nach doppelt biblischen Jahren verläßt Otto Rehhagel die Hansestadt Bremen, um den Wurst- und Bierverein von der Isar zu traktieren.

Rehhagel, ein nimmermüder Propagandist der sog. „deutschen Sekundärtugenden" und bekennender Christdemokrat der unerträglichsten Sorte, kann für sich den einen oder anderen Titel verbuchen – und das Verdienst, den Mythos der eigenen Person mit muffiger, vorgeblich medienkritischer, furunkelfinsterer Miene zielstrebig lanciert zu haben.

Zum Abschied aus Bremen erreicht die komplementär triefende Deutung der Rehhagelschen Meriten den voraussehbaren Höhepunkt: niemand, der nicht lautstark, als gelte es, noch einmal den Schulterschluß zu suchen, „den großen Mann", „das Denkmal" oder „den Unersetzbaren" lobpreist. Wer immer dieser Tage das Hohelied anstimmt, sagt nicht weniger denn die einfache Wahrheit über einen Schleifer, der Deckelei zur „Herzensbildung" (Rehhagel) erklärt. Bescheidenheit ist eine Gier.

Die zuletzt stündlich befragten Spieler des SV Werder sind derart auf den Hund gekommen, daß sie sich seit Monaten in einer Sentimentalität suhlen, die niet- und nagelfeste Unterwerfung als unvergleichlich enge Freundschaft feiert. Uli Borowka jammert einer „dank Rehhagels Kunst der Menschenführung" stramm zusammengehaltenen „Familie" hinterher und demonstriert in der ihm eigenen, aber repräsentativen Torheit, was Zuchterfolge bedeuten, deren Objekte es genießen, geschurigelt und mit Methoden gegängelt zu werden, die zur Leitung ganzer Kompanien befähigen.

Präsident Böhmert, offenbar völlig benebelt, bilanzierte die Regentschaft des Generalstäblers, der stets gemäß der Devise handelte und handeln ließ, nach oben und unten, nach links und rechts zu treten und zu hacken (Ewald Lienen bekam's zu spüren und trug die ekelerregendste Verletzung der Bundesligageschichte davon), Rehhagel sei ihnen allen, doch: ihnen allen „Lehrer des Lebens" gewesen.

Das Leben lernt nicht aus. Und so ist Andreas Herzog zu bedauern. Er, der sich bislang der Kalenderweisheit widersetzte, die unbedarfte, führungsbedürftige Spielersau habe „dem Trainer alles zu verdanken", muß folgende Saison dort zu glänzen versuchen, wo der Schinder fuhrwerkt.

Doppelt dumm gelaufen.

PS 1999: Wie man sich täuschen und gleichzeitig recht behalten kann: Herzog wurde zurechtgestutzt und „drückte" meist die Bank. Rehhagel indes versagte beim FC Bayern, weil er ihn für den SV Werder hielt. Augenblicklich hält er den 1. FC Kaiserslautern für den SV Werder und setzt sein Lebenswerk fort: dem Fußball den Geist mit der Peitsche auszutreiben. Daß Qualität von Qual komme, darauf verfiel wiederum Rehhagels Bruder in Optik und Geiste, der Magath Felix, als er 1998 an Rehhagels ehemaliger Stätte zu wüten begann. Der sieche Weltgeist walkt greisenhaft fort und entwickelt pikante dialektische Dualitäten.

So mag er's einrichten: Rehhagel gibt noch vor der Rente den Bundestrainer – und Berti Vogts simultan den Werder-Verantwortlichen. Die Wette gilt.

Mein Lieblingshaßverein
Uff Pauli

Mit dem Trainer fängt es an, mit Uli Maslo, einem zerrütteten Stinkstiefel, der eisern Frau und Spieler regiert; der allmorgendlich den Wattenscheider Gruß exerziert, ein Treuegelübde gegenüber seinem vordem autonomen, seit dunnemal der Stadt Bochum eingemeindeten Geburtsort Wattenscheid, der „gesunden Stadt“ (Maslo); als Versprechen, daß Unabhängigkeit wiederkehren werde –;

so ein Widerstandskämpfer, so ein den weltweit ihr Unwesen treibenden nationalen Befreiungsbewegungskommandanten gesinnungsethisch verwandter Supertrainer und -leitwolf, so einer paßt zu St. Pauli – ganz gut. Ziemlich gut.

Mit dem Trainer fängt es an, im Trainer (egal, wer neuerdings das Zepter schwingt) kulminiert die Dezennien gepflegte Misere eines Clubs, bei dem man sich nicht selten fragt, warum er eigentlich gegründet werden mußte. Mittlerweile achtzig Jahre traktiert der FC St. Pauli nahezu ununterbrochen die Gemüter aller zurechnungsfähigen Fußballfans. Die von mir überschaubare Epoche seines Wirkens im Profibereich kennt kein einziges Datum ansehnlicher Darbietungen; in toto: kein spezifischer Stil, keine prägnanten Spielzüge, kein ernstzunehmender Akteur; monatelanges Grasfressen, Mauern, besinnungsloses Hetzen inkl. „bedingungslosem Einsatz“ (*pauli – Offizielle Stadionzeitung des FC. St. Pauli*, 21. April 1997) über einen Rübenacker, den man, wie so viele andere Unverschämtheiten, frech und dumm und töricht als Kiezspezialität, als „Wahrzeichen“ preist. Auf welches sie, die Paulianer oder Paulaner, „stolz“ sind. Ach Gottchen.

Ja, „auf Pauli“ (Reinhold Beckmann) herrschen noch Prinzipien – vorneweg, man sei „stolz“, stolz „auf“ seinen Stadtteilachselschweißgeruch, auf ein desolates Stadion, eine ruinöse Umgebung, die Coolness der „Szene“, in welcher das letzte kärgliche Quantum Vernunft zum Teufel ging; stolz auf jene Borniert- und Beschränktheit, die Quartiersvereinen gemeinhin zukommt, auch wenn sich ihre Protagonisten und Anhänger vehement für etwaige „Traditionen“ verwenden, die nur mehr lokalpatriotische Politfolklore manifestieren. Arbeiterclub, Rotlichtrevolution – was ein Müll, was ein erbärmlicher Schrebergartensozialismus.

Das gewogene linksliberale Feuilleton berichtet einstweilen über die reizenden Eigentümlichkeiten des St. Paulianer Fußballklimas. *Billy Boy – Das aufregend andere Kondom* wünscht dem „FC St. Pauli – Freibeuter der Liga“ via Anzeige „eine erfolgreiche Saison“, und ähnlich gefühlsecht robbte sich die *ZEIT* (24. November 1995) an ein Phänomen heran, das aus den immergleichen Fragmenten der Alltags- und Medienmythologie erzeugt wird, weil man ohne Klischees von Klassen-, Häuser- und Straßenkampf rund ums Heiligengeistfeld nicht derart prächtige Artikelüberschriften wie „Die Freibeuter im Klassenkampf“ aushecken könnte. Vorbildlich beförderte das staubmüde Blatt mit seinem „Psychogramm einer Hingabe“ erst den Mittelfeldspieler Carsten Pröpper zum „Stürmer Pröpper“, dann den Club zum „1. FC St. Pauli“, und am Schluß wissen wir, daß im Schwarzen Block schwarze Fahnen wehen und der sportliche Aufstieg ein Verbrechen wider die Menschlichkeit sein muß. So waghalsig wird „auf Pauli“ gedacht.

Symptomatisch und schön ist, daß Kondomwerbung und *ZEIT* ein und dieselben Chiffren bemühen; und noch schöner ist, daß sich der Katachresenkönig des bundesdeutschen Fußballfeuilletons, daß sich Helmut Böttiger ans Millerntor verfügte, um eine seiner raren Reportagen zu emittieren, woselbst sämtliche akuten St.-Pauli-Topoi im Tiefflug durch die Zeilen segeln. Besuche man „das Terrain“ zwischen Reeperbahn und Bunker, „bleibt etwas hängen im Unbewußten.“ Nur was? Schnell weg hier? I wo. „Da weht der schärfste Hamburger Wind.“ Oho!

„Konstruktive Fußballbegeisterung“ nennt Böttiger den jahrelang von Teilen der Anhänger gepflegten Irrsinn, bloß nicht in die oberste Klasse versetzt werden zu wollen, als „Fußball ohne Verklemmtheiten, ohne Abstriche“ gilt ihm ein mieses Gewürge, dessen Hauptvertreter Klaus Thomforde ist, ein Torwart, der jeder Beschreibung spottet, der's, *Billy*-bestückt, „geil“ findet, „in der 1. Liga die Bälle zu halten“; „da geht mir einer ab.“

So popelig marktschreierisch herausgekrähte Freizügigkeit und vorgeblich libertärer Anspielungswitz dünken, so hausbacken bleiben jene Beschreibungen, die im eigenen fehlgeleiteten Marcuse-Bloch-Jargon ersticken. „Hier werden die Stehplätze nicht aufgepeitscht durch fremdbestimmte Affekte“, jubiliert der unzurechnungsfähige Böttiger, während man die Stehplätze zur „Reclaime-the-game!“-Kampagne hochpeitscht und affektiv verführt. Das „Lebensgefühl der Piraterie“ walle und wülle und wimmele, ächzt unser Feuilletonist, Volker Ippig wuchtet die Arbeiterfaust gen Firmament, erzählt Nicaragua-Schnurren und den Jungs der Hafenstraße, er spiele in einem „ganz anderen“ Verein. Er sei gebenedeit.

Böttiger, der aus seinen erschütternden Befunden einmal mehr den obligatorischen „Gegenentwurf zum landläufigen deutschen Fußball“ deduziert (später war's kurzerhand der SC Freiburg, der MSV Duisburg folgt demnächst), paßt zu St. Pauli – viel eher als zum gewöhnlich mit seinen schwülen Liebesbezeugungen belästigten 1. FC Nürnberg (der, en passant, 1991 beinahe die Zahlungsunfähigkeit unseres unausstehlichen Clubs herbeigeführt hatte, weil ein 1,8-Mio.-Scheck für André Golke vorsorglich ungedeckt war, hehe) – paßt zu St. Pauli wie die Faust auf Maslos rechtes Auge. Apropos Maslo: Ist da mal jemandem dessen haarsträubende etymologische oder wenigstens phonetische Affinität zu „Massel“ und „vermasseln“ – –

Vieles jedenfalls spricht dafür, daß St. Pauli und sein familiär verengter Kleinbürgerringelpiezkommunitarismus nichts mit „links“ und „linkem Fußball“ zu tun haben (letzteren gibt es ohnehin nicht, noch hat es ihn je gegeben). Für sich und den Verein sprach auch Uli Maslo am 12. August 1995. Nach all den Qualen einer Anstellung in Bahrain fiel ihm angesichts der frisch errungenen Tabellenführung (sie währte Gott sei Dank eine Woche) vor den Kameras des *ASS* der Satz ein: „Ich bin stolz, ein Deutscher zu sein.“ Später korrigierte er auf „Fußball-Deutscher“ und erklärte, „Kampf, Disziplin, Einsatz“ formten das deutsche Reich zur Fußballweltmacht. Nun krakeelte Maslo, der außer einer Schalke-A-Jugend-Meisterschaft bis dato nichts zustande gebracht hatte, wie es sein neues Umfeld verlangte. Den Quark vom progressiven Proloverein und „Freudenhaus der Liga“ glaubte mittlerweile keiner; nach dem rechten Sozialdemokraten und Verteidigungsminister a. D. Hans Apel rückte als Präsident der CDU-Architekt Heinz Weisener ein, sanierte den maroden Laden und ist seither Liebling aller sozialrevolutionär engagierten Fans. „Es gibt nur einen Papa Heinz“, skandieren die „Jungs der Hafenstraße“ (*ZEIT*), und Papa Heinz meldet Vollzug: „Es gibt nur einen St. Pauli.“

Wo die Dinge derart liegen und schiefliegen, wo neurotische Intimität triumphiert und – oh nein – Stallwärme die Seelen massiert, wo alles im Lack und im Lot, maßgeblichen Zuschauerfraktionen Aufstieg egal, Abstieg vollkommen wurscht, die Kernidee des Fußballs, nämlich siegen zu müssen, obsolet und folglich der Club en bloc zu vergessen ist, da läßt sich gut schwadronieren. Wenn Uli Hoeneß' Konzept, den ökonomischen Erfolg des FC Bayern künftig ohne Rücksicht auf Ergebnisse und Tabellenstand zu realisieren, Plausibilität beanspruchen kann, dürfte St. Pauli der prosperierendste, der glücklichste Verein sein. I. d. S. verbreitete ahnungsvoll Werner Langmaacks Anthologie *FC St. Pauli – Glaube, Liebe, Hoffnung* bereits 1992 die Losung vom „Idealverein": „Bei St. Pauli [...] bietet sich sogar nach einer Niederlagenserie ein Bild der Harmonie. Freiheit, Gleichheit, Brüderlichkeit – diese Werte gelten am Millerntor."

Klebriger geht's kaum – nur hohler, fußballferner. Die „Grundanständigkeit der Sportler" schätzt man mehr als spannende Begegnungen, die gegnerische Mannschaft wird immer vollsolidarisch anerkannt, Probleme regeln die deftigen Kerle intern und „kollektiv", das unselige Bündnis aus schafsdoofen Anhängern, Fanbetreuern und Holzbrüdern steht wie der zwölfte Mann. Der durch Ex-Geschäftsführer Christian Hinzpeter beschrieene „Beitrag zum sozialen Frieden" und das rivalisierende Politgruppen integrierende „Gesamtkunstwerk" St. Pauli (Pauli ist für alle da! Hurra! Hurra! Hurra!!) haben auch Bestand, wenn gewisse Vorfälle in spanischen Trainingslagern ein Ende der großen Corpsgeistsynthese vermuten lassen. Da versuchten sich Maslos Uli und ein Teil der Mannschaft um Kapitän Pröpper beim Iberer als derangierte Herrenreiter, doch ohne Folgen: Verschiedene Fanzines plädierten vergeblich für Maslos Demission, statt dessen mußte Manager Jürgen Wähling zurücktreten, und Pröpper durfte im Gleichschritt mit seinem sportlichen Chef, dem Heinz-Rudolf Kunze der Trainerzunft, via *Hamburger Morgenpost* am 15. Februar 1996 wieder mal heiße Luft ablassen: „Wir werden mit dem Manager nicht mehr reden, weil er sich mit uns nicht mehr identifizieren kann." Heul. Grein.

Dieser Ansammlung von Neurotikern, autonomen Pipifaxlern und inkompetenten Vereinslenkern kann und darf keine Sympathie gelten. Wer behauptet: „Wir sind anders als die anderen" (*HATTRICK Bundesliga-Sonderheft 1996*), der verdient Schmähung und Hohn oder jene Hommage, die 1996 qua CD (*Die Pauli Platte*) ins Werk gerichtet wurde: erlesenes Bierkaschemmengeschrammel, ergänzt durch die erschreckendste Demontage von „You'll never walk alone", Retro-Punk, Fun-HipHop und den bei Suzi Quatro an der Guitarre geschulten Quotenwurstsack Achim Reichel, der wider infame „Siegermächte" die

Klappe macht und die Waschtrommel rührt, Deutschland zum Kulturrapport bestellt und „St. Pauli vor, noch ein Tor! Da kommt der Paß, jetzt ham wir Spaß“ singt.

Da passen wieder ein paar Dinge zusammen.

St. Pauli wird, was auch passiert, mein Lieblingshaßverein sein, dies formidable Linksspießerkollektiv aus Hintendrinsteher- und Stehplatzidioten. „Wir trotzen Geld und DFB“, gniedelt die Kapelle Los, und das laut *kicker Bundesliga-Sonderheft 96/97* „stets stimulierende Verhältnis zwischen Fußballern und Fans“ will einfach keinen Abbruch erleiden; und möge ewig Bestand haben, damit die „echten Paulianer“ wirklich unter sich bleiben, am trefflichsten ganz unten, mindestens in der Regionalliga.

„Kaum anzunehmen, daß der Kiez-Klub mit dem vorhandenen Spielermaterial heil über die Runden kommt“, orakelte der *kicker*, und dessen Sachverstand sei beschworen. Wer einen Trainer beschäftigt, der das „spezielle St.-Pauli-ABC“ ersann („Anders sein als andere. Besser sein als andere. Cleverer sein als andere“), muß ewig und drei Tage hoffnungslos verloren zur Hölle fahr'n.

Lesen will ich von Jahr zu Jahr öfter: „St. Pauli hatte sich zu früh übers Unentschieden gefreut.“ (*BamS*, 8. Dezember 1996) Und hören nimmermehr, was H.-Faßbender-Ziehsohn Steffen Simon angelegentlich eines gänzlich unerfreulichen Talks avec Klaus „Seht her, ich bin bekloppt“ Thomforde am 8. Dezember 1996 in *Sport 3* (NDR) zum schlechtesten gab: „Wir hoffen, daß der Mythos Thomforde noch möglichst lange mit dem Mythos St. Pauli in der Bundesliga spielt.“

Nein, wirklich alles, aber das nicht.

PS 1999: Und siehe: Tempora rasend mutantur. St. Pauli beehrt die Zweite Liga. Die richtige Richtung.

Der Fußball ist ja heute praktisch schon eine Art gesellschaftliches Grundnahrungsmittel.

Edmund Stoiber

Großkampftag
Freie Sicht für freie Bürger

In dem Maße, in dem das einst öffentlich-rechtlich geordnete Fernsehen weiter diversifiziert wird, wächst die Lachhaftigkeit, mit der nicht allein das hypertrophe Medium selbst seine Wirklichkeiten produziert und reproduziert, sondern Fachdiskutanten ziellos-hysterisch Rede führen – ausgenommen ein Blaublut stirbt, oder man beschneidet den Deutschen ihr wer weiß wodurch verbürgtes Recht, überwiegend kostenfrei in den Fußballkasten stieren zu dürfen. Da allerdings ist das Ende der Fahnenstange erreicht, da könnte der Geduldsfaden nicht kürzer sein und die öffentliche Diskussion nicht breiter, zäher, länger.

Das Volk schreit – eine düstere Zukunft zeichnet sich ab. 3,4 Milliarden Mark kosteten die Kirch-Gruppe sämtliche Erstverwertungsrechte für die Fußballweltmeisterschaften 2002 und 2006, diverse andere „Großereignisse" eingeschlossen. „Notfalls per Volksbegehren", berichtete *Bild* am 31. Oktober 1997, wolle „die bayerische SPD [...] sicherstellen, daß große Sportereignisse im Free-TV gezeigt werden"; nachdem Rheinland-Pfalz' Ministerpräsident und Medienkoordinator Kurt Beck am 9. Oktober, als die Länderchefs erstmals mit Vertretern von Kirch und Bertelsmann zusammentrafen, gegenüber Kirch voreilig sein Einverständnis erklärt hatte, nur noch ab den Halbfinals seien deutsche Beteiligungen ohne Extrarappen zu präsentieren, stand augenblicklich die Front zur Verteidigung des „Massenereignisses" Fernsehfußball.

„Hessen betrachtet den kostenlosen Zugang beispielsweise zu den Spielen der Nationalelf als Medien-Grundrecht der Bürger", grantelte Ministerpräsident Hans Eichel in der *Süddeutschen Zeitung* (20. Oktober) und fand am 25. Oktober Unterstützung durch Stefan Reinecke (*taz*). Keineswegs habe man es bei der Auseinandersetzung zwischen Verfechtern der kostenfreien Vollversorgung (den Kulturpflegern) und Dealern des teuren Abo-TVs (den schlimmen Kapitalisten) mit einer

„Posse" zu tun – Entscheidungen von nationaler und das Nationale als solches tangierender Tragweite seien zu kritisieren: „Die Nationalmannschaft spielt, so das Selbstverständnis, stellvertretend für die Nation – und zwar für die ganze, und nicht für jenen Teil, der über einen premiere-Decoder verfügt. Wenn Kirch die Privatisierung der Bilder durchsetzt, wäre dies ein Symbol, daß das private Vermarktungsinteresse und die Anforderungen eines global konkurrenzfähigen Medienstandortes auch das Nationale verdrängen."

Vorerst aber scheint Polen nicht verloren; es muß nachverhandelt und geprüft werden, ob die „Standortpolitik" für das „Recht der Öffentlichkeit" (Reinecke) zum Nachteil ausfalle. Jenes, das weder materiell noch formaljuristisch verbürgte „Recht" einer Rechtsperson, die keine ist, nämlich der „Öffentlichkeit" (bzw. des fußballfernsehenden Kollektivsubjekts), gilt denen, die ihr Geschäft verstehen und betreiben, indes schon länger nicht mehr allzuviel. Franz Beckenbauer stellt regelmäßig die Existenzberechtigung der Nationalmannschaften in Frage, und dies keineswegs aus einer seiner notorischen Launen heraus, sondern weil er sagt, wie's ist resp. sein wird.

Ändern können solche Äußerungen nichts – nichts an den diffus demokratietheoretisch inspirierten Forderungen nach freier Aneignung dessen, was als Konstituens deutschen Seelenlebens kursiert, nichts ändern an der Auffassung, ein durch den Staat gewährleisteter Zugang zu Fernsehbildern exekutiere den Willen des „Wahlvolkes" (Reinecke). „Die Volksbewegung für Fernsehfußball hat ein neues Grundrecht erfunden: das Grundrecht auf freie Sicht aufs Kicken" (*taz*, 21. Oktober), und Wolfgang Thierse verspricht, den „populären Anspruch auch energisch zu vertreten", der „Meinungsvielfalt" (*Frankfurter Rundschau*, 23. Oktober) wegen.

Unterdessen herrscht Chaos. Die einen wollen dies, dann das, das nicht ohne dies – und vielleicht in modifizierter Form. Immerhin wird die Sorge offenbar, man könne des letztverbliebenen verläßlichen nationalen Kittes verlustig gehen. Zur „Bürgerwehr" riefen die *Tagesthemen* auf; „kaum hatte Beck gesprochen", meldete die *Süddeutsche Zeitung* (21. Oktober), „begann ein Proteststurm im Lande. Die Länder hätten die Interessen der Fans verraten", des ideellen Gesamtanhängers, der nicht ins Stadion geht, um das „Kulturgut Fußball" (Helmut Böttiger-Schmidt) zu goutieren, und den man deshalb durchs „Schröpf-TV" (ARD) düpiert, „enteignet" (*taz*). „Fußball für alle" forderte die *Süd-*

deutsche Zeitung (24. Oktober) und fuhr dem Erzschurken Kirch („typisch Kirch") bereits etwas entkräftet an den Karren, assistiert von den Nationalkommunisten der *jungen Welt*, die das kulturelle Erbe der Deutschen verschachert wähnen: „Demontiert wird nicht das Recht auf Live-Übertragungen, sondern das Medium Fernsehen als kulturelle Einrichtung. [...] Die Fußballfans werden es vielleicht gerade noch überleben. Für eine Gesellschaft, die eine ihrer wichtigsten kulturellen Säulen Wirtschaftssauriern in den Rachen wirft, stehen die Chancen wohl eher schlecht." (24. Oktober)

So schnell schießen die Preußen nicht, werfen sie auch mit Säulen. Vorerst „ringen" diverse Fraktionen um populistischen Mehrwert, blökt Gerhard Schröder, jaulen sämtliche SPD-Ministerpräsidenten waidwund auf und versuchen sich als Bremser – obschon, was alle wissen, die juristische Lage eindeutiger kaum sein könnte: Kirch hat gekauft, und wer nun einen Staatsvertrag über TV-Großkampftage, eine sog. „nationale Schutzliste" (*Frankfurter Rundschau*, 21. Oktober), fordere, fordere die Enteignung. „Die populistische Forderung 'Fußball umsonst für alle'", bekräftigt Kirch-Sprecher Dieter Hahn (*Focus* 44/1997), „ist für jeden Politiker attraktiv, aber rechtlich nicht durchzusetzen."

Selbst wenn der EU-Beschluß, bestimmte Sportevents seien unentgeltlich zu versenden, hierzulande nachträglich Geltung erlangen sollte, wäre eine derartige „Zwangslizenz" (Hahn) das Papier nicht wert. Daher fordert man, die Widersprüche zwischen Staatsaktion und Privatisierungspolitik abermals zuspitzend, „freiwillige Lösungen". Im entgegengesetzten Falle müßte die „Grundversorgung" gesetzlich festgeschrieben und könnte der „Prozeß (vor dem BVG) unangenehm werden", mutmaßt die *ZEIT* (31. Oktober), „weil es um nicht weniger geht als die Grundlagen der Marktwirtschaft", um die „Sozialpflichtigkeit des Privateigentums Fußball" (Beck), d. h. um die – zuallererst medienpolitisch geschaffenen – Kapitalverwertungsinteressen eines Rechtekartells, das keiner „freiwilligen Zwangsvereinbarung" (*Frankfurter Rundschau*, 25. Oktober) zustimmt, klagt die Nation noch so herzzerreißend wie erfolglos (siehe Bahn, siehe Telekom) übers Schrumpfen „kollektiver Besitzstände".

Die gewöhnlichen Legitimationsmanöver finden statt, der Stiefel wird – nationales Jammertal hin oder her – durchgezogen. Seit wann nämlich leitet sich aus Privatbesitz die moralische Anerkennung etwaiger „Gemeinschaftsrechte“ ab? Und welche Lobby glaubt – außer der SPD –, daß Fernsehen „Einheit stiften“, „Werte vermitteln“, „Konsens erzeugen“, ja seine parareligiösen Effekte unausgesetzt entfalten solle? Wer vom Schwund der Agora schwadroniert und die „Zweiklassengesellschaft“ im Munde führt, betrauert das Ende der sozialintegrativen Funktion des Mediums. „Deutschland“, orakelt Ruprecht Eser in *halb12* (ZDF, 26. Oktober), „kein einig Fußballand!“

Der Affe braucht Zucker, der Konzern muß refinanzieren. „Freibier für alle“ (*FAZ*, 24. Oktober) ist nicht drin. Was darüber hinausgeht, kostet so viel wie jede gute alte Ideologie. Und womöglich verschweißt Kirchs/Bertelsmanns Digitalkanal die Fußballfernsehdeutschen am premiere-Tresen zuletzt doch erneut zur gefühlsechten Truppe.

Kryptischer *kicker*

Kurz „notiert"

Das grausamste Buch zum Thema hat Bernd Müllender geschrieben. *Fußballfrei in 11 Spieltagen – Eine Entziehungskur für Süchtige* (Frankfurt/Main 1998) ist gespreizt, pömmelig, kalauerprall bis zum Kopfnußschuß, haha; resp. eine extreme Lesererniedrigung. Seite zehn, und wir könnten entsichern: „Dabei gilt einer Gruppe besondere Aufmerksamkeit: den hinterhältigen Straßendealern und Inszenierungsmeistern im Fernsehen wie Jörg Wahnterror und Jünter Gauch, die den Volkssport Fußball als Zirkusnummer hemmungslos in unsere Wohnzimmer kotzen."

Doofheit, du bist daheim.

Bevor wir brechen und Müllender ins Stadtteilkabarett Aachen-Eppes einweisen, sei gefragt: Was macht das *sportmagazin kicker*?

Seit Jahrzehnten eigentlich nichts. Den Beweis erbrachte Thomas Schaefers luzide Studie *Das nächste Heft ist immer das schwerste* (in: Klaus Bittermann/Jürgen Roth [Hg.]: *Journalismus als Eiertanz – Zweiundfünfzig Meditationen über die Presse*, Berlin 1999): wortspielen ohne doppelten Boden, rumkäsen, daß Luzifer erwacht.

Gleichwohl: Im Frühjahr 1999 wartete das Blatt für den Ball mit ungeheuerlichen Innovationen auf. Vorher, etwa anläßlich der Kroatien-Demütigung (WM 1998), brachten die legendären Headlines nichts mehr, sanken kraftlos zusammen und klagten: „Das gescheiterte Konzept", „Ist Vogts noch der richtige Mann?", „Wörns heulte Rotz und Wasser" und „Schluß mit der Schönfärberei!" Das war das Stichwort. Acht Monate später platzte der Knoten. „Jeremies! Sein Supersolo bricht den Bann!" kreischte die Frontpage (1. April 1999), und der Faßbender der Schreibmaschine, Chef Rainer Holzschuh, drosch einen Spezialkommentarprügel herunter, der die tautologische Hohlheit des Sportspeech einerseits mit der Influenz des Faselfernsehens verband, andererseits die neue Richtung wies: der Springer-Konkurrenz das Wasser abzulaufen.

Der Qualifikationstriumph über die unschlagbaren Nordiren „verbesserte auch das in den tiefsten Keller gerutschte Image erheblich", heilhitlerschrie Holzschuh nach dem „Auftakt für einen Entfesselungsakt einer deutschen Nationalmannschaft [...], wie man ihn seit Jahren nicht mehr gesehen hat." Nein. „Die Gelbe Karte für Wörns war fast wie ein Signal für kurzfristige Lethargie im deutschen Team", saute der gute alte Legastheniker und schwenkte den big fat Phrasenstreuer: Matthäus „setzte Zeichen", „die Initialzündung ging von Jens Jeremies aus, der mit fulminantem Antritt" und „ein wenig Glück am Ball" und „trocken aus kurzer Distanz zum 1:0 verwandelte", und dem 2:0 war „eine herrliche Kombination" vorausgegangen und der ganze Scheiß „nur eine Frage der Zeit" und all dat „symptomatisch für die guten Phasen der deutschen Elf", weil „das deutsche Dreieck mit Matthäus, Hamann und Jeremies, das sich glänzend ergänzte", alleweil „glänzend anspielbar" schien und „von seinen Nebenleuten gesucht" und „über Außen gesucht" ward, „um so Gefahr über die Flügel zu schaffen" und den „größten Unruheherd zu schaffen", bis – – bis: sich „schlich in das deutsche Spiel ein Riß", leise, tückisch, und sie, die Soldaten, „bewiesen" trotzdem „erstaunliche Moral".

Metapherchaos, Sprachschlonz: So kennen wir den *kicker*. Aber: Die geliebten Paukerüberschriften verschwanden plötzlich und machten Platz der *Bild*-Semantikgrammatik, die, je länger man sie erforscht, desto opaker sich gestaltet. Am 22. April 1999 kollabierten die Nürnberger Schrifttumswarte und ließen entsetzlich setzen: „Super! FC Bayern im Finale gegen Manchester". Bong. „Hauptkritik: Ein Traumtor", bärbiß es hinterher, „und Jeremies, der meist sehr tief stand", tat dennoch, wie ihm der Satzschwurbel geheißen: „Mit Distanzschüssen von Zickler und Jeremies setzten sie erste Duftmarken."

Ich blicke seither nicht mehr durch; werde jedoch nie behaupten: „Sie rennen mit holpriger Rhetorik und schiefem Pathos offene Türen ein." Das darf Müllkopf Müllender. Warum er's tut – sein fades Geheimnis.

Er bleibe allein bei sich zu Haus', *kicker* hoch drei hält keiner aus.

Ein Hampelmann zieht Fäden
Über Uwe Seeler

Was alles ist Seeler, „der ehemalige Spitzentorjäger" (*kicker spezial*)? Heilsfigur. Heilsbringer. „Heiland" (*taz*). Im Grunde: Jesus. Bzw.: der Gorbatschow Hamburgs, der a) einen heruntergewirtschafteten Verein (HSV) retten und b) dafür den Beifall der städtischen Oberschicht einheimsen sollte.

„Seine bekannten Profitugenden Ehrgeiz, Arbeitswille und Fleiß hat er in sein neues Leben transferiert, nahtlos", und „statt in Strafräumen wühlt er nun am Schreibtisch." (*kicker spezial*) Bloß ging das Ganze schief. Erst ließ sich Seeler zum Präsidenten küren, obwohl seine Frau abgeraten hatte. Trotzdem und auf Grund wuchtiger Reden dann an die Clubspitze gelangt, platschte Seeler von einem Fettnapf in den nächsten, nicht ohne nimmermüde zu klagen, er sei Opfer übler Umtriebe geworden.

Höhepunkt der Hamburger Posse: dunkle Geschäfte seines Schatzmeisters, Vertrauten und Freundes Jürgen Engel, der statt neue Kräfte für 19,2 Millionen Mark Ostimmobilien kaufte und satte Provisionen (930.000 Mark) einfuhr. Mittelfeldmann Jörg Albertz war weg (Erlös: 9,2 Mio.), Seeler stand hochroten Kopfes vor jener Presse, die ein Jahr früher noch beispiellose Kampagnen zu seinen Gunsten organisiert hatte.

Bilanz der Seeler-Regentschaft: Vetternwirtschaft, klebrige Forderungen nach Gefolgschaft und „Identifikation" mit einem Verein, dessen „Führungsspitze" 40.000 Leinenbeutel einkaufte, die kein Fan wollte, und 5.040 Flaschen HSV-Autopolitur (Kostenpunkt: 48.570,48 Mark). Alles zusammen lagerte in einer Halle, die Seeler höchstpersönlich sich selbst resp. dem Verein vermietet hatte. Die *WELT am Sonntag*, dem Heroen gewöhnlich eisern zugetan, ging rechtschaffen so weit, Seeler neben „mangelnder Sensibilität für eher fragwürdige Geschäftspartner" handfeste Manöver anzukreiden. Ein weiterer seiner zahllosen „besten Freunde", der Kieler Bauunternehmer Jens Stolterbeck, habe im Auftrag von Seelers Uwe Seeler + Partner Projekt Magdeburg GbR einen Verbrauchermarkt bauen sollen und bloß den sofortigen Konkurs bewerkstelligt. Um die Handwerkerlöhne (mehrere Millionen) mochte sich Seeler als „Geschädigter" hernach nicht wirklich kümmern. Hingegen bereitete es ihm keine Probleme, die HSV-Verwaltungskosten zu verdoppeln.

Seeler jammerte und beteuerte dessenungeachtet, wann immer neue krumme Touren seiner Spezis bekannt wurden, „er sei nicht eingeweiht gewesen" (*Bild Hamburg*, 23. Juli 1997). „Verdächtigungen" satt, „zum Schaden von Uwe Seeler und seinem HSV", raunte die Journaille. „Seelers Crew verschleiert", meldete das *Hamburger Abendblatt*, Seelers Reaktion: Mein Name ist Osterhasi.

What ever: „Dabei immer an vorderster Front er selbst, Uwe Seeler." (*kicker spezial*)

*

In geringfügig glücklicheren Zeiten verband sich mit dem HSV zwar der Name Kevin Keegan, in bereits deutlich trostferneren Epochen war die immerhin weltfußballgeschichtlich peripher bedeutende „Bananenflanke" des rechten Verteidigers Manfred Kaltz zu verzeichnen – doch Niedergang ist das Los des HSV, und die Götter taten gut daran, hinsichtlich dieses jammervollen Clubs i. S. der historisch obwaltenden Gerechtigkeit fortan sturheil auf Mittelmaß und Verletzungspech zu pochen. Selbst nach einer nicht geheuren Erfolgsserie in der zweiten Hälfte der Hinrunde 1995/96 warnte Felix Magath, durch Uwe Seeler zum Möhlmann-Thronfolger und „Erfolgstrainer" (*kicker*) befördert: „Es gibt noch einige Mannschaften, die besser sind als wir." (*Frankfurter Rundschau*, 20. November 1995)

Das will man meinen. Vor allem gab es mal einen HSV, der nicht nur um einiges stärker, sondern humaner gewesen sein muß. Ihren Trainer Branco Zebec, den ausgewiesenen Fachmann, achteten die Spieler trotz regelmäßiger alkoholismusbedingter Absenzen. Sie stützten ihn, wenn er's nicht mehr bis zur Bank schaffte, und „stellten sich vor ihn", wenn die Presse ins Tratschen verfiel. Nach einem verwandelten Elfmeter soll Zebec seinen Co-Trainer gefragt haben, warum der Mann so frei zum Schuß komme.

Zu Felix Magath unterhielt Uwe Seeler ein vertrauensvolles, gar blindes Verhältnis. „Magath braucht keinen Vertrag", verkündete er vor dessen Amtsantritt und erfüllte damit erneut jenes Klischee, das besagt, der „Sohn eines Lastkahnführers" könne weder hinterfotzig noch kalkulierend agieren. Magath erhielt den Kontrakt, und die Weiterbeschäftigung über das Ende der Saison hinaus stellte Seeler in Aussicht. Heute weiß man Bescheid.

Seeler blieb trotz seiner Hinhaltetaktik unangefochten – „Uns Uwe", einfach zum Gernhaben, ein Mann der unteren Schichten, dem kein falsches Wort und keine böse Tat zuzutrauen sind. Solchen Nimbus hatte er sich über Jahrzehnte erarbeitet: „Im Dezember 1961 ergab eine Meinungsumfrage klar: Uwe war beliebter als alle damaligen Weltpolitiker zusammen! Für einen Uwe boten Autogrammjäger vier Adenauers." (*kicker spezial*)

Nachdem Benno Möhlmann 1995 hauptsächlich auf Betreiben Seelers seinen Stuhl räumen mußte, obwohl er außer im Falle der Suspendierung Jordan Letchkovs fachlich nicht versagt, nein: das Beste aus dem schwachen Ensemble herausgeholt hatte, begann der Designierte prächtig zu dilettieren. Seeler legte eine neue Vereinssatzung vor, die prompt als haltlos belächelt wurde. Wer nun meinte, Schicht sei mit Präsidentschaft, lag falsch. Seeler bockte und zog seine Kandidatur zurück – ein cleverer Schritt, denn die tonangebenden Kräfte der Hansestadt laberten anschließend desto ungebremster an den alten Kämpen hin – bis schließlich auch die letzten Querulanten begriffen: Ohne Seeler, den „Sympathieträger", geht nichts mehr.

Wer aber ist der Seeler, neuerlich gefragt, eigentlich? Was veranlaßte 1995 „19 Wirtschafts-Bosse" (*Bild*, 20. November 1995), ihm via Großanzeige im *Hamburger Abendblatt* für die bevorstehende „Orkan-Wahl" (*Bild*, 28. November 1995) zum HSV-Chef „Viel Glück" zu wünschen? „So was", unkte *Bild*, „sei wohl nur möglich mit einem Sympathieträger wie 'Uns Uwe'", und Roderich Menzels 1973 erschienenes Epos *Die besten elf Fußballstars* gibt dem Blatt recht. Seelers Motto hieß stets: „steil aufwärts" führt der Weg, trotz „rabenschwarzer Tage [...], die nicht zuletzt auf eine heikle Rückenverletzung zurückgingen". Selbst ein Riß der rechten Achillessehne („Man hörte es bis in die Tribünen hinauf knallen") vermochte den Durchbruch eines Hamburger Kerls nicht zu stoppen, der „zu einer Zeit [geboren wurde], als das nationalsozialistische Deutschland dem Höhepunkt äußerer Machtentfaltung zustrebte".

Mit acht stellte der kommende Star und späterhin „große Unvergessene" eine „Mannschaft von Knirpsen zusammen", bewies angesichts „knurrender Mägen inmitten von Trümmern" Führerqualitäten und wurde zwei Jahre danach HSV-Mitglied.

Seither war Seeler der Beste, „der beste der Schülermannschaft, mit sechzehn der herausragende Spieler der deutschen Jugendmannschaft" usf. „Großen Tagen“ folgten große Tage. Der Triumph besaß natürlich eine solide Grundlage. Seeler avancierte anläßlich der Weltmeisterschaft 1962 nicht nur endgültig zum „vorbildlichen Handlanger seiner Kameraden“; als proletarischer Musteremporkömmling verließ er sich ja bereits mit Vollendung des dritten Lebensjahres auf „die Grundlage von Uwe Seelers großartiger, ja, fast einzigartiger Laufbahn: den enormen Fleiß“.

Seeler zählte nunmehr zu „den Auserlesenen des Fußballsports“. „Er war das Idol seiner Generation, einer der ritterlichsten Stars seiner Zeit. Zu Recht rühmt man sein vorbildliches Familienleben – er ist Vater von drei Töchtern – und die Tatkraft, die ihn im Berufsleben zu einem wohlhabenden Mann gemacht hat“, resümiert Menzel.

Hamburgs Unternehmer wissen, was sie an Seeler haben. „Wir Unternehmer wissen, wie schwer es ist, eine Krise zu meistern, aus dem Tal heraus neue Gipfel zu erstürmen. Sie, Uwe Seeler [...], Ihr Ruhm und Ihr Ruf bei Jung und Alt sind ideale Voraussetzungen, neues Vertrauen in den HSV zu setzen“, referierte *Bild* neun Tage vor der alles entscheidenden, die Präsidentenära Seeler ratifizierenden Jahreshauptversammlung.

Während kaum drei Wochen früher die hanseatisch-bürgerliche Fußballwelt in Trümmern gelegen hatte, schien plötzlich alles geritzt. *Bild* jubelte: „HSV wieder ‘in’“. Wo abgehalfterte Vereinsverwalter einst starrsinnig Wirtschafts- und Politikunabhängigkeit verkörperten, obsiegte jetzt unter lautstarkem Beifall des Bündnisses aus Fan, Funktionär und „Wirtschafts-Bossen“ (*Bild*) die Feldherrenmanier eines Kleinbürgers, der sich traut, gelegentlich dazwischenzuhauen. „Der Befreiungsschlag des Uwe Seeler“, polterte der *kicker*: „Benno Möhlmann raus, Felix Magath rein. Befreiung für das Team, dem Magath Feuer und körperliche Stärke einhauchte.“

Wie Magath die Einhauchung von Feuer und körperlicher Stärke und der Oberindianer die Auferstehung des heiligen Geistes bewerkstelligte, bleibt ein Rätsel; offenkundig ist, daß Seeler einer ideologischen Offensive resp. Politikstrategie willfuhr, die – im günstigen Moment der sportlichen Hausse – Disziplin und pappige Einheitsgefühle zum Ziel hatte – Drill und harte Hand avec Bauerncharme und kargem Verstand.

Nicht mal die „eigenwillige Handhaltung“ (Reinhold Beckmann), vulgo: das inständige, den distinguierten Pfeffersack mit Ekel vor proletarischer Zügellosigkeit erfüllende Grabbeln und Knispern am Gemächt bei laufender *ran*-Kamera vermochte Seelers justament aber dalli ihrer Klimax und Katharsis zueilende Erfolgsbiographie zu beschädigen. Nein, nicht mal das.

*

Heute, 1999, trinkt Uwe wieder mehr Cognac, privat. Hat sich ausgehampelt.

Hoffnung Kaiser
Ein Geburtstagshilfeschrei

Sie sind alle schlecht; allesamt eine Beleidigung; jeder einzelne; als Mannschaft erst recht. Steffen Freund, von dem Kollege Gsella irrtümlich behauptet, er gehöre, weil Dortmunder, ins zentrale defensive Mittelfeld, ist ein Affront; Strunz, dem, seltsam, schon mal besondere technische Fähigkeiten attestiert werden, ist ein Makroaffront. Kohler, Babbel, Helmer, phasenweise Klinsmann: Anschläge auf das Fußballgemüt.

Rasende Freude ergriff mich, da vergangenen Mittwoch dreißig Minuten lang das baldige Ende sämtlicher Torturen nahe schien. Berti Vogts, der verfehlteste Bundestrainer der Geschichte, war bereits abgeschossen, weg, erledigt. Georgien führte 1:0 und würde sich den Sieg nicht mehr nehmen lassen.

„Unter Beckenbauer hat es so ein Gestocher nicht gegeben", richtete ich, nach Möllers Ausgleich halbwegs gedämpft, das Wort an den stoischen Solidarleider. „Die haben zwar auch scheiße gespielt, aber hinterher wenigstens keinen Mist erzählt."

Zwar fühle sich Beckenbauer, meldete die *FAZ* (5. September 1995), „geehrt", daß man ihn als neuen FIFA-Präsidenten handele, doch halte er die Offerte für verfrüht. Er müsse zunächst einige andere Dinge in Ordnung bringen. Welche, wollte der Enigmatische nicht verraten.

Ich habe die Hoffnung nicht aufgegeben, der Jubilar möge, und sei's per Nebenjob, die ersten Elf wieder dirigieren, denn selbst mit Fünfzig ist er „trotz ab und zu zwickendem Gesäßmuskel in bestechender Form".

Eile scheint geboten, die Situation könnte sich demnächst dramatisch zuspitzen. Mahnwachen müssen organisiert und Komitees zur sofortigen Reinstallation Beckenbauers gegründet werden. „Bewegung 11. September" wäre kein schlechter Titel. Ich bin dabei.

Gsella winkt ab. „Wer feiert heute seinen Siebzigsten?"

Der Salon-Libero
Ein Gastbeitrag von Eckhard Henscheid

Früher, bis in meine verlängerte Jugendzeit hinein, bis zirka 1965, hieß der Libero noch durchgehend Mittelläufer; er hörte auf Namen wie Lutte Goldbrunner (Breslauer Elf) oder, schon in der Nachkriegsära, Kennemann, Baumann, Wenauer (alle drei: 1. FC Nürnberg), Liebrich und Posipal (beide: Weltmeister 1954), Fonse Stemmer und Ertl Erhardt (1860 bzw. Bayern München) – und allein meine Heimatstadt Amberg trug zum Mittelläufer in den fünfziger bis siebziger Jahren zwei Prachtexemplare bei, welche beide Meßmann hießen, Rudolf und Peter, Vater und Sohn, es beide zur Amateurnationalmannschaft brachten, der Vater sogar als Kandidat zum Herbergerschen Länderelflehrgang; beide standen an Grundbegabung nicht hinter Beckenbauer zurück und hätten ansonsten eigentlich die Genforschung beschäftigen sollen: wegen der Frappanz vollkommen kongruenter Spezialstärken (Wucht des Schusses, Kopfballmeisterlichkeit in Abwehr und Angriff) und kleinerer Schwächen (eine gewisse Bedächtigkeit infolge früher Bierfreude) – im Falle des Filius Peter Meßmann hieß der Mittelläufer (auch: Stopper) aber, anders als beim genialen Vater Rudolf, zumeist schon Libero.

Worin eigentlich die genaue Differenz bestand/besteht, das habe ich, ehrlich gesagt, nie so ganz kapiert; zumal dem wohl berühmtesten Libero = freien Mann ja bekanntlich immer sein Katsche Schwarzenbeck zugesellt war, als „Vorstopper" war der ja eigentlich zum Teil auch der freie Mann fürs Mittelfeld, ja notfalls für den Sturm (siehe Katsches weltberühmtes Ausgleichstor gegen Atletico Madrid); indessen der Libero recht eigentlich letzter Mann bleiben mußte – während wiederum zum Beispiel der Mittelläufer Rudolf Meßmann häufig mit nach vorne gehen durfte/mußte, um bei Ecken Kopfballtore zu erzwingen.

Und übrigens war der bekannteste und wohl doch auch beste Libero aller bisherigen Zeiten, Franz Beckenbauer also, unter Experten in seiner Mannschaftsfunktion gar nicht ganz unbestritten. In meinem damaligen Freundeskreis kursierte der nationale und Bayern-Libero oft nur recht feindselig namenlos als „die Nummer 5" (Helmut Hollederer), die da ja eigentlich bloß dem Doppelpaßpartner und Toremacher, der Nr. 9, Gerd Müller also, dem gänzlich falsch so genannten „Bomber der Nation“, Ruhm und Glanz und Mythos verdankte; zweitens begann Beckenbauer, wir Älteren erinnern uns, national keineswegs als genuiner Libero oder Mittelläufer oder Stopper – sondern im Mittelfeld als rechter Läufer (neben Willi Schulz) und erzielte in dieser Eigenschaft bei seiner ersten WM in England 1966 etliche wichtige und bildschöne Tore; und drittens noch vorher, bei Bayern, startete Beckenbauer, man glaubt es nicht, als gar nicht übler Linksaußen!

Es gilt der Libero/Mittelläufer neben dem zumeist im halblinken Mittelfeld agierenden „Spielmacher“ als Schlüssel- und Leitfigur der Mannschaft; als Entscheidungs- oder oft sog. Leistungsträger; häufig ist er auch Kapitän. Und gewissermaßen Alleskönner. Beckenbauer, nimmt man ihn neben den halbwegs gleichwertigen Lorant, Charlton oder Germano (Benfica Lissabon) und Santamaria (Real Madrid) zum nach wie vor nationalen und internationalen Maßstab, mußte zumindest eines nicht mehr können: Kopfball, weder defensiv noch offensiv, kein Sterblicher sah den *Kaiser* je einen Kopfballstoß vollziehen – es wurde mit der Einführung der Bundesliga 1963 ja praktisch nur noch komplett flach gespielt. Er mußte auch nicht allzu flink und konditionszäh sein – denn Raumdeckung und Katsche Schwarzenbeck kompensierten das Manko meist mühelos.

Der Libero durfte sich auch mal bequeme, richtig faule Spiele gönnen, denn rennen taten im WM-System – wie im 4-2-4- gleichermaßen – ja die im Mittelfeld – er, der Libero, mußte aber andererseits als Zündfunke schon mal auch ganze Spiele heraus- und herumreißen können – und das tat, Ehre, wem sie gebührte, die deutsche und bayerische „Nummer 5“ im Grandioso-Stil zumindest einmal und praktisch im Alleingang: Mehr noch als im eigentlich unverdient mit 2:1 gegen die Holländer gewonnenen 74er Endspiel leistete Beckenbauer Unvergleichliches, ja Unglaubliches bei einem 2:1 (n. Verl.) – Pokalfinalsieg gegen Köln – meiner Erinnerung nach mußte der vor unbändigem Einsatz nicht wiederzuerkennende Salon-Libero da bei Gluthitze auch noch einen vom Platz gestellten Bayern-Coakteur ersetzen: und tat's als Einser mit vier, nein: fünf Sternen.

Vorbei so oder so und lang vor Beckenbauer jedenfalls die Zeiten, da ein Nürnberger ‘Gentleman’-Stopper Schorsch Kennemann im Frührentnertempo und ohne sich das Trikot groß schmutzig zu machen Endspiele zu gewinnen vermochte; vorbei leider auch die Zeit, da die Sporthose dieses älteren Typs Mittelläufer namens Kenne- oder Meßmann legendärerweise bis weit übers keusch verdeckte Knie hinabfallen konnte, ja sollte. Tempo war ab spätestens 1965 angesagt, Willy Brandt wollte noch mehr Demokratie wagen, unter Helmut Schmidt ging es eh nur noch um Effizienz – klar, daß da auch dem Mittelläufer-Libero entschieden häufiger Beine gemacht wurden; und zwischen diesen und den heruntergerollten Stutzen lagerten vor dem Hintergrund der sich dann bald abzeichnenden Bestechungsaffären aber auch schon mal ein paar Tausender Schmiergeld; schon vor der Einführung des Libero sagte man das damals zum Beispiel dem schon deshalb unvergessenen „Stopper" Fonse Stemmer von 1860 nach.

Ist auch der Libero schon wieder passé, strategisch-taktisch überholt, nicht mehr innovatorisch genug fürs nächste Millennium? Man hört und liest dergleichen. Aber man liest auch, daß zum Beispiel Erich Ribbeck weiter und unverbrüchlich auf ihn setzt. Nämlich auf einen Libero Lothar Matthäus. Das ist zwar eine besonders jungrevolutionäre Nachwuchskraft; hat aber wenigstens mit dem alten Mittelläufer nun wirklich nichts mehr zu tun.

Nicht zu knacken, nicht zu packen?
Das Großmirakel Franz Beckenbauer

Am 18. April 1998 bemerkte die *Süddeutsche Zeitung*, Franz Beckenbauer, Präsident des FC Bayern München, Vizepräsident des DFB und Mitglied des Bewerbungskomitees für die Weltmeisterschaft 2006, sei deshalb vor und von der deutschen Gesamtjournaille unangreifbar, weil er bei RTL und *Bild* „als Sportkommentator" agiere, „auch mit premiere und DSF ist er vertraglich verbandelt, und niemand weiß, mit wem noch alles." Seine verzweigten FIFA-Aktivitäten durchschaut dito keiner, und längst sind die Tage passé, da der Franz u. a. Tütensuppen, Langhaarschneider und Mitsubishis bewarb. („Beckenbauer und die Werbung", so Hans Blickensdörfer in *Der Kaiser – Die Franz Beckenbauer Story*, „sind aufeinander zugegangen wie Verliebte, die einander wollen und brauchen.") Heute füllt er diverse waghalsige Funktionen aus. Laut FCB-Pressesprecher Markus Hörwick amtiert Beckenbauer als Repräsentant für die Adam Opel AG, als Repräsentant für adidas und als Repräsentant für Warsteiner. Und wie der *kicker* vom 2. April 1998 meldete, soll „der letzte Kaiser" (*Süddeutsche Zeitung*), der „vielfache Franz" (*stern* 3/1999), „nach dem als Erfolg eingestuften Versuch von 1994 [...] in Frankreich die Sendung *Schau'n mer mal* als zentrale Figur an den Fan bringen." Was er dann freilich auch besonders zentral stirnerleuchtet tat.

Wer aber ist Beckenbauer – ungeachtet seiner gewagten Multipelverwendungen – wirklich? Und was? Ein Medium? Der größte Popstar? Der mächtigste? Der meistbewunderte Fußballer der letzten dreißig Jahre? Der jähzornige Jesus unserer müden Epoche, der Händler und Huren aus dem Tempel vertreibt? Oder Gott selbst? Oder wenigstens *irgendeine* Reinkarnation?

Dieter Bott, geboren 1943, Soziologe, Sporttheologe, Lehrbeauftragter an der Universität Duisburg und Leiter zunächst des Frankfurter, später des Düsseldorfer und bis Ende 1997 des Duisburger Fanprojekts, gilt als einer der besten Kenner des Gesamtmysteriums Beckenbauer. Seine unter aufgeklärten Fußballfans hochangesehenen *Bild*-Analysen und Kaiser-Exegesen sind mutige Expeditionen ins Reich der geistigen Niedertracht.

Bott kann auf eine profunde Ausbildung zurückgreifen. Er studierte bei Adorno, gab Rudi Dutschke einmal die Hand, initiierte mit Günter

Amendt 1969 das Antiolympische Komitee (AOK) und gründete 1972 im Studentenwohnheim Frankfurt-Porthstraße (und nicht Pohrtstraße, selbst wenn's zu schön gewesen wäre) das Institut für Vulgärpsychologie, dessen 2. Vorsitz er übernahm und bis heute, zumindest virtuell, innehat.

„Daß die Gegenwart nach Ideologiekritik verlangt, die zumeist schon mit den schlichten Mitteln der Widerspiegelungstheorie zu bewerkstelligen wäre, ist ein Plädoyer des Aktionsmarxisten Dieter Bott", schrieb die *Jungle World* (21. August 1997) und verglich ihn zu Recht mit den kritischen Sporttheoretikern Gerhard Vinnai (*Fußballsport als Ideologie*, Frankfurt/Main 1970) und Bero Rigauer (*Sport und Arbeit*, Frankfurt/Main 1969). Seit 1993 verleiht Bott den Viva-Maria-Preis an „Außenseiter, die der radikalen Kritik des Bestehenden verpflichtet sind" (bedacht wurden u. a. Fritz Teufel und Wolfgang Pohrt). Um die Balance zu halten, setzt er daneben und unregelmäßig Kopfgeldprämien auf besonders impertinente Personen des öffentlichen Lebens aus. So traf es Hans Magnus Enzensberger, Matthias Horx, Ulrich Beck und – Franz Beckenbauer.

„Schaun mer mal" – ein nicht nur orthographisches Problem (Thomas Bender und Michael Pfad betitelten ihr Jubelalbum *Franz Beckenbauer – Geschichten und Bilder einer außergewöhnlichen Karriere*, München 1995, *„Schau'n mer mal"*). Am 11. September 1995 feierte der Kaiser seinen fünfzigsten Geburtstag, Theodor W. Adorno wäre gleichen Tags zweiundneunzig geworden – Anlaß genug für Bott, „künstlerische Arbeiten" zu präsentieren, „die 'Schaun mer mal' als das kenntlich machen, was es ist: unter den saublöden Sprüchen einer der unerträglichsten".

Mäzen Bott war es trotz hohen Einsatzes und energischen Kampagnenengagements nicht vergönnt, „das alles durchdringende 'Schaun mer mal' endlich aufzuhalten". Am 7. Januar 1998 trafen Gerd Fischer und d. Verf. in Frankfurt/Main den Mann, dessen Motto lautet: „Je rücksichtsloser kritisiert, desto besser!", um zu erfahren, welche Formen seine Beckenbauerstudien seither angenommen haben.

Dieter, laut Bild*-Zeitung von gestern hat Franz Beckenbauer gesagt: „Es geht kein Ruck durch unser Land."*

Es geht kein Ruck durch Deutschland? Ich soll was zu „Ruck" sagen? Zu „Ruck" fällt mir nichts ein.

Du verfolgst Beckenbauer seit zwanzig Jahren, seine autobiographischen Schriften, das Echo, das er in den Medien gefunden hat und findet. Hältst du die Figur überhaupt noch aus?

Ich hab' ihn zuletzt vor allem als *Bild*-Kolumnisten beobachtet. „Schaun mer mal", auf diesen Spruch, der jenseits der bayerischen Regionalität populär wurde, hab' ich affektiv reagiert, als gute Freunde von mir plötzlich Gespräche beendeten, indem sie sagten: „Schaun mer mal." Das hat mich dermaßen angekotzt, und Beckenbauer war dafür verantwortlich zu machen. So vermittelt ist die Beziehung.

Inwiefern verantwortlich zu machen? War's ein ästhetisches Problem?

Von mir aus, das geht mir auf den Senkel, nenn' es ästhetisch, das geht mir auf den Senkel, wenn Leute so miteinander reden. Nach meiner Beobachtung ist dieser Spruch in der mir zugänglichen Alltagskommunikation zwar wieder rückläufig, Gott sei Dank, doch der tauchte damals beinahe in jeder Unterhaltung auf. Beckenbauer hatte ihn über die Medien zum Allgemeingut gemacht, und ich hab' reagiert.

Empfindest du die Tatsache als Affront, wenn jemand sagt: „Schaun mer mal"?

Darüber müßte ich nachdenken: Was geht mir an so 'nem harmlosen Spruch eigentlich auf den Sack?

Früher, als Beckenbauer noch aktiv war, fand man ihn arrogant. Heute mögen ihn offensichtlich mehr Leute.

In meiner Fußballerikonographie hätte er insofern 'nen Plus, als bei mir, Mittelschichtler, aus kleinen Verhältnissen kommend, alle arroganten Weicheier, alle Techniker einen Bonus erhielten. Wir Borkaner bildeten uns ein, wenn die Bauern aus Gombeth, Singlis, aus Trockenerfurth kamen und reinhauten und reindemmelten, wir seien Städter und würden technischen Fußball spielen. Und ich als einziger aus der Familie, der das Abitur ansteuerte und kein Schlägertyp, sondern ein Angsthase war, identifizierte mich natürlich mit dem filigranen, später dem brasilianischen Fußball. Sobald einer als arroganter Spielertyp serviert wurde, hatte er, psychologisch gesehen, meine Sympathie, logisch. Aber richtig nachgedacht über Beckenbauers Rolle in meiner Jugend – nee.

Später, als ich den „Schaun-mer-mal"-Preis auslobte, wollte ich mir Rechenschaft darüber ablegen, was ich eigentlich gegen diesen beschissenen Satz habe. Da gibt's mindestens fünfzig Seiten vulgärpsychologische Analyse, mit der ich hinter das Geheimnis zu kommen versuche, worin meine Renitenz gegen das „Schaun mer mal" besteht. Sämtliche Aspekte dieses Satzes hab' ich untersucht. Das endet damit, daß Beckenbauer vor allem auf Arrangement und Anpassung aus ist. Aber die tiefenhermeneutische Nachdenklichkeit will ich gar nicht mehr wiederbeleben.

Das „Schaun mer mal" könnte ja auf einen bestimmten Sozialcharakter hinweisen?

Das bring' ich jetzt nicht mehr.

Hat Beckenbauer nicht immer den Gestus des Unpolitischen kultiviert und gerade mit diesem Satz seine Attitüde vervollkommnet?

Jetzt fällt mir auf, was ich vielleicht interessant finde. Der Bekkenbauer ging mir einerseits so lange so sehr am Arsch vorbei, daß ich mir dachte: ist halt ein Promi, den man beurteilt, find' ich gut, find' ich blöd, interessiert mich nicht oder ähnliches, war bei mir in 'ner mittleren Qualität. Beckenbauer zählte weder zu meinen Haß- noch zu meinen Liebesobjekten; und reagiert hab' ich auf meine Bekannten, als die alle diesen bekloppten Satz da brachten, der ist für *mich* tatsächlich relevant, weil er *mein* Leben tangiert hat – nicht die reale Person.

Das Zentrum der Person Beckenbauer erhellt andererseits der Begriff „Lichtgestalt". Die Lichtgestalt! Ich empfinde die gleiche Aversion gegen das Wort „Vision". „Utopie" ist links, „Vision" rechts. Die Leucht-, die Strahlkraft von Lichtgestalten – und hier spielt eine romantisch-verschwiemelte, elitäre Ästhetik von Botho Strauß bis Karl Heinz Bohrer herein – geht, so unterstellen die Verfechter dieses Unfugs, auf eine Art energetischen Kern zurück, und du als Rezipient bist geblendet, bist fasziniert – *die* Vokabeln der achtziger Jahre: „Faszinosum", „spannend", „interessant". Diese Seifenfigur Beckenbauer, dieser aalglatte, nichtssagende Blubberfritze, der ist ja 'ne hohle Nuß, der ist ja an sich 'ne Null, der ist ja überhaupt nichts – nun, er existiert aber, er wirft Licht und Schatten, er ist greifbar und bewegt die Menschen und die Medien –: Woher hat der dumme Bube sein Licht und sein Leuchten? Wir alle, und hier geht's über Beckenbauer hinaus und wird die Angelegenheit symptomatisch, strahlen die Lichtgestalten an, und die Heilsbringer umgibt der Kranz des Faszinosums nur, solange wir sie anstrahlen. Würden wir uns abwenden, stünden die auf einen Schlag im Dunkeln und strahlten nicht die Bohne.

„Faszinosum" muß man mit „Akzeptanz" übersetzen. Herrschaft kann nur fortdauern, wenn sie auch akzeptiert wird – billiger Hegel sozusagen. Der Knecht spielt eine Rolle für den Herrn. Die Fritzen strahlen, weil wir sie anstrahlen, im doppelten Sinn. Weil wir sie sklavisch verehren und Freude dabei empfinden, wenn wir ihnen unsere Freude zeigen. Und dann strahlen sie förmlich zurück. Drehten wir uns um, wären sie, was sie sind, nichts.

Warum dreht sich die Öffentlichkeit nicht um? Warum wird sie des Beckenbauers nicht überdrüssig?

Wir brauchen wieder Entwürfe und Eliten und Repräsentanten, die das Ganze in die Hand nehmen und gestalten, heißt es doch auf jedem Managerseminar. Der Ruck soll ja Energien freisetzen, um Visionen zu entwickeln. In dieser Abteilung spielt sich das alles ab. Warum wir Idioten uns von der Herrschaft immer weiter an der Nase herumführen lassen, das ist allerdings die zentrale Frage. Wieso produzieren wir Herrschaft selbst?

Beckenbauer war der erste, der sich professionell managen ließ, der schließlich den Fußball von seinem – auch Beckenbauers eigenem – Kleinbürgerimage befreite und propagierte, Fußball sei genausogut ein Vergnügen für die höhere Gesellschaft.

Mit welcher Zufälligkeit der kleine Bube, dieser Blödmann, da reingerutscht ist und die neue Rolle bekleidet, den neuen Typus verkörpert hat! Es hätte auch jeder andere sein können. Die Zeit war reif.

Ist doch eigentlich unerhört: Beckenbauer, der Sohn eines Postbeamten, war jener Modernisierer, von dem man immer behauptet, Hoeneß sei's gewesen. Gerade deshalb haben ihn Linke gebetsmühlenartig verteufelt, dafür, daß ein zwar eleganter, aber durchtriebener, abgebrühter Angestellter, ein opportuner Meisterspieler sich ums Geschäft kümmert.

Also, die Geschichte, der Fußball hierzulande sei allerorten genuin proletarisch gewesen, bevor Beckenbauer kam, ist ja nicht zu halten, die hat sich der Schulze-Marmeling zurechtgestrickt. Was interessiert euch eigentlich daran, daß gerade Beckenbauer der Erneuerer geworden ist?

Man hat ihn angefeindet. Und heute ist er die „Lichtgestalt". Kommt doch nicht von ungefähr, oder?

Daß es jetzt ausgerechnet der ist, ist wirklich überraschend, bei seinen minderen Begabungen.

Aber er war ein klasse Spieler!

Da gibt's vergleichbare, von Overath über Netzer bis Schuster. Vielleicht müßte man die bayerische Connection verfolgen, Robert Schwan usw.

Früher war er Gegenstand heftiger Kritik, heute kann er sagen, was er will, jedes Wort gilt.

Stimmt. Der Beckenbauer kann sagen, was er will, es wird veröffentlicht, der schönste Schmarren darunter, der Ball hätte vier Ecken, was weiß ich. Geht raus, wird gedruckt. Und gleichzeitig wird die Lichtgestalt von allen ironisiert. Keiner nimmt den ernst. Der ist ja wohl 'nen Konzern, wenn ich das richtig sehe, zumindest 'nen Flaggschiff, und steht für Geschäftstüchtigkeit. Aber was der in seiner verquarkten Launenhaftigkeit daherschwätzt, ist doch nicht satisfaktionsfähig.

Worum geht es dann eigentlich?

Der ist Symbol. Also, das ist ja jetzt 'nen weißer Schimmel: Der hat Erfolg, der kann jeden erdenklichen Stuß ablassen, und die andern lachen sich einen, drucken's weg und kolportieren, er verwandle alles in Gold. Was für Fähigkeiten! Kann Scheiße erzählen und bleibt trotzdem oben. Der stolpert über keinen Satz. Wenn euch das interessiert ... Wir müssen vielleicht die Frage stellen: Ist es möglich, daß so ein Mann stürzt?

Ja?

Weiß ich nicht.

Was kann den eigentlich zu Fall bringen?

Nichts. Absolut nichts. Wie denn? Was denn? Der konnte erzählen, daß er im nächsten Leben 'ne Blume wird oder daß er sich mit Philosophen beschäftigt. Der kann doch machen, was er will. Es ist nichts zu machen. Da geht gar nichts.

Gibt es eine vergleichbare Figur?

Müßte ich auch noch mal drüber nachdenken.

Ich schlage Luis Trenker vor.

Ich kenn' die Luis-Trenker-Rezeption nicht so richtig.

Der konnte auch sagen, was er wollte.

War das so? Wißt ihr das?

Der hat genauso gesagt: Politik interessierte mich nicht. Ich war beim Hitler, bei der Eva Braun, das hat mich nicht interessiert. Ich war froh, wenn ich wieder auf meinem Berg war. Wäre auch ein Motiv bei Beckenbauer: Kitzbühel, Abgeschiedenheit. Trotz der in seinen Büchern ausgebreiteten großen Welt mit Prominenten und Hotels und Reisen will er nix lieber, als in sein Haus hoch droben zurückzukehren. Was drückt sich da aus?

Was Kindliches, Schutzbedürfnis. Und er kann in Kitzbühel machen und sagen, was er will. Es ist schon was Merkwürdiges an der Produktion dieser Beckenbauer-Imago. Aber der Berg sonst, als Ort des Weltverächters oder Bessergestellten, bietet mir keinen Schlüssel, zu verstehen, warum so 'nen aalglatter Dummfuddel wie der mit seinen Scheißdingern, daß so ein im ganz dümmlichen Sinn arroganter Typ hochkommt. Der ist in meiner Seelentopographie nicht scharf gezeichnet.

In New York sagt er: „Ich habe Angst vor der Leere."

Was sagt dir das?

Es gibt doch diesen Luis-Trenker-Film, der in New York spielt, die Überblendungen der Hochhausschluchten von Manhatten mit der Civetta-Westwand. Der heißt, glaube ich, Der verlorene Sohn.

Was wollt ihr ergründen? Ich merke nur, der Punkt tangiert mich nicht.

Beckenbauer bedroht, ähnlich wie Kohl, niemanden.

In der Richtung würde ich mal nachdenken.

Einerseits ist Beckenbauer anerkanntermaßen einer der besten Spieler aller Zeiten, andererseits ein Hanswurst. Einerseits geriert er sich als Unpolitischer, andererseits kungelt er mit den Mächtigen.

Immer.

Welches Persönlichkeitsbild läßt sich denn aus dieser Konstellation ableiten?

Von meiner Seite ist da wenig zu machen. Beckenbauer ist ja nur noch Figuration. Was soll man denn bei dem holen? Was wollt ihr denn knacken mit ihm? Die Seife Beckenbauer, diese hohle Blase, da ist ja gar nichts.

Es geht doch wohl um Interessen, um Vereinsinteressen, Konzerninteressen, letzten Endes um Nationalpolitik, wenn Beckenbauer vor den Karren der Weltmeisterschaftsbewerbung gespannt wird.

Hör' mal, der ist ein Fußballer aus Deutschland! Für den ist das eine Ehre. Es ist doch gar nicht wert, darüber nachzudenken, warum sich Beckenbauer vor den Karren spannen läßt. Ist doch 'ne aberwitzige Frage!

Na gut.

Der Langpaß-Odysseus
Lob des Lothar M.

Die aufgeregte Gegenwart kannte bis vor kurzem keinen verhaßteren und gröblicher geschmähten Fußballer als den Münchner Lothar M. Kein anderer mußte sich derart ausdauernd beleidigen, veräppeln, in den „Schlamm der schmierigsten Halbweltanschauung" (Karl Kraus) hinabzerren und mit allerlei eilfertig dämlichem Spruchwerk belästigen lassen. Gewiß, er, der geniale Langpaßschläger und weitblickende, ja unbekannte Horizonte des Fußballs abschreitende und die Räume des Rasens gewandt und geschwind durchmessende Stratege von odysseischen Gnaden, er, der Bubenparvenü, er, der später aus Pumas Obhut gen Mönchengladbach entlassene Bolzer und Renner und Grätscher und flinke Läufer, er, der Übersicht wahrende Lothar M., zwischenzeitlich Italiens geliebter Sohn und, Gott sei hoch gepriesen, zurückgekehrter Bayernlibero, er lieferte schon den einen oder anderen Anlaß, sich über ihn zu echauffieren. Zu affig und affektiert hantierte er vor aller Welt mit geschätzten zwanzig Handys herum, und seine riefenstahlaffine Ablichtung zugunsten der Kreditkartenfirma American Express hätte wirklich nicht sein müssen. Das tat weh, das schmerzte.

Freilich, wenig dürfte leichter sein, denn Fußballer zu imitieren und ihren Dialekt zum psychischen Defekt zu erklären. Was W. Boning und die neudeutsche Comedy-Blase bzgl. Lothar M. wider Willen dokumentierten, war der einfallslose und schäbige Kabarettistenschmu, der inferiorer ist als jeder geradebrechte Satz eines Fußballers, der Fußball spielen und nicht klug daherreden können muß. Daß Lothar M. durch seinen Auftritt gegen die brillanten Jugoslawen just ihnen die kärglichen Darstellungsmittel entzog, freut uns.

Seltsames ist gleichwohl geschehen. Einer, den sie zum Blödesten der Blöden, zum Prototypen des Dummklumpens erkoren hatten, wird plötzlich allenthalben gehätschelt, gepriesen und gelobt. Vergessen scheint, woran sich die Claque jahrelang „köstlich" delektierte: an Lothar M.s zuweilen narrischer Posierlust, seiner röhrenden rhetorischen Rastlosigkeit, seinem rauschhaften Geschnatter. Immer dann, wenn er die vom Bundesligabetrieb erzwungene Selbstkontrolle verlor und krabölkte, bis die Kameralinsen beschlugen, kreischten sich die Schmöcke ins Fäustchen und hauten sich die Schenkel blau: Seht her, welch wunderbaren Tölpel er uns gibt!

Eigentlich wäre es gerechtfertigt, akkurat jetzt jenen Lothar M. zu schmähen, dessen Anhänger ich immer war; jetzt, da ihn alle liebgewonnen haben, weil er dem waghalsigen Projekt Weltmeisterschaft als wahrscheinlich vom Heiland persönlich gesandter Retter doch noch „Perspektiven" zu geben vermag. Nein, nun sei's eigentlich zu spät, einen zu loben, der ganz und gar nicht ist, was sie aus ihm machten, auch wenn ich lediglich erahne, daß er „ein Guter", wie die Mittelfranken sagen, sein muß.

Der geschätzte Fachkollege Fritz Eckenga, Bayern-Verächter und Borussen-Prediger, erzählt, im Umfeld der Münchner Bayern redeten die Leut' hinter vorgehaltener Hand über Lothar M. sehr respektvoll. Paradox: Der, der die Boulevardpresse angeblich mit „Internas" (Matthäus) füttert und seine Kollegen anschwärzt, darf nur unter strengster Geheimhaltung geachtet werden. Womöglich zehren seine Kritiker von solcher Schizophrenie. Thomas Helmer hätte Lothar M. nach Veröffentlichung des *Tagebuchs* nicht despektierlich einen „Kranken" nennen können, besäße Lothar M. Lobbies, die ihn, statt zu benutzen, besser schätzten für das, was er wohl verkörpert, nämlich vor allem „keinen Linkmichel" (Andy Brehme). „Ja, das tut einem weh", sagt Lothar M. heute, „weil man ja weiß, wie man eigentlich ist."

Ich kann für mich in Anspruch nehmen, bereits Fan von Lothar M. gewesen zu sein, als meine Altersgenossen störrisch auf Hubert Kah oder Christiane F. schielten und äugten und aus ihrer merkwürdigen Zuneigung ein gerüttelt Maß an Prestigemehrwert schöpften. Dieser Tage trüge kaum Neues zur Diskussion bei, wer Lothar M.s mitunter beinahe rührende Offenherzigkeit priese, seine sich nach Anerkennung verzehrende Mitteilungsnatur, die stets Gefahr läuft, tapsig zu wirken. So angepaßt er deucht, so unangepaßt dürfte er tatsächlich sein, „lauter wie kein zweiter" (Günther Koch). Und daß er nun die Klappe hält und jedermann scheinheilig seine neuen „Tugenden" rühmt – „über alle Diskussionen erhaben" nennt ihn plötzlich das ZDF-*WM-Studio* –, ist, das ganze Klinsmann-Gedengel beiseite, der echte Skandal – für welchen allerdings der Blick eines Thomas Helmer entschädigte, als Bundestrainer Vogts im Jugoslawienspiel nicht ihn, sondern seine Nummer acht auf ihren Einsatz vorbereitete und Jugendspielerhändler Helmer darob wie verkniffen-knieselig dreinschaute. Doch, das hat mir gefallen.

Vom *PLAYBOY* (7/1998) über sein Verhältnis zu Berti Vogts befragt, mit dem er 1979 bei Borussia Mönchengladbach trainierte, antwortete Lothar M.: „Ich hab' ihn gleich umgetreten. Deswegen habe ich einen Vertrag bekommen."

Na eben – „seid klug wie die Schlangen und ohne Falsch wie die Tauben." (Matthäus 10,16)

Ein Wort zu Wildmoser

Sein Trainer Werner Lorant sei ein „Asozialer" mit „deutschnationalen Sprüchen" und der hervorstechendste Vertreter „des grobschlächtigen Groben", urteilte Klaus Bittermann (*Vom Feeling her ein gutes Gefühl*, Berlin 1999). Er selbst liebt das Stanzlsingen, spendet bei *Doppelpaß*, dem *Warsteiner-Fußballstammtisch* (DSF, 18. April 1999), werbewirksam DM 1.000 Richtung Kosovo – Motto: Busenbomber für den Kosovo, Bombenbier für Testovo! – und weiß: „Wer mobil telephoniert, hat viel zu rechnen." (Franz Beckenbauer, e-plus)

Eine Stadt wie München, Inhaber zweier Präsidenten dieses Kalibers, kann nicht in Ordnung sein. „Und die Grundgebühr ist auch schon drin." (a. a. O.) Der astreine Telekommunikationsfaschismus. Mindestens.

Ein Wort zu Wildmoser?

Nö.

Die Welt ist zwar kein Fußball, aber im Fußball, das ist kein Geheimnis, findet sich eine ganze Menge Welt.

Ror Wolf

Wer dagegen befindet, der Bessere möge gewinnen, könnte seine Zeit genausogut mit transzendentaler Meditation vergeuden.

Martin Seel

Gijon, Geleen, Köppern und Rom et al.
Mein Weltfußball

Es war ein außergewöhnlicher Tag. Wir lebten in den Niederlanden. Die Oranjes hatten sich nicht mal qualifiziert. Nachbar Belgien sollte später wenigstens die zweite Finalrunde erreichen. Von Polen und der UdSSR gab's dann aber satt auf die Glomme. Das Beneluxdesaster, erinnere ich mich recht, wurde jedoch außerordentlich lässig, ja beiläufig zur Kenntnis genommen. Niemand echauffierte sich, die WM schien, noch voll im Gange, bereits Geschichte. Ein seltsam anmutendes Gefühl: Was Weltmeisterschaften zu Wochen hoher und höchster Feierstunden, zu Wochen permanenter, täglich erneuerter Erwartungslust macht, eine diffuse Mixtur aus Expertentum und demokratischer Gesprächsbereitschaft auf der Straße, im Café und in der Schule – dies unvermindert wundersam behaglich stimmende Aufgewühlt- und Angeregtsein, dies notorische und gelegentlich stark enervierende bis nervende Getue und Gewusel und Gerede, es fehlte 1982 allzubald allzu sehr. Die Menschen gingen ihren geregelten Tätigkeiten nach, ihr fehlendes Interesse war eklatant. Wo die „Unsrigen" passen mußten, mangelt es an Motivation zum Glotzen und Quatschen, da wollen auch die Niederländer keine Ausnahme genehmigen.

Ich hab' seit 1982 praktisch alles weggeguckt, kein Spiel verpaßt, und sei's Paraguay – Irak, 4. Juni 1986, Toluca (1:0). Gerade 1986, wir waren nach Brüssel umgezogen, zahlte sich meine Hartnäckigkeit aus. In der Tervurener Hazenlaan verzockte ich unter strenger Geheimhaltung mit dem Bruder meiner Freundin und ihrem Vater die gesamte Kohle, die meine albernen Nachhilfestunden eingebracht hatten. Während des Viertelfinales zwischen Brasilien und Frankreich aber wendete sich das

Blatt. Von Elfmeter zu Elfmeter steigerte ich den Einsatz („400 Francs auf gehalten!“), und mein Gegner, ein annähernd zwei Meter großer Rasenmäherverkäufer und Spezialist für Cut Brusher, zog bündelweise Scheine aus seinen verbeulten Hosen, setzte gegen „500 drin“ lieber „2000, quatsch’ nich’!“, drosch die Papiere auf den Mahagonitisch und sah bald kein Land mehr. Ich wurde Kettenraucher, seine Firma soll noch heute florieren, Beckenbauers „Schrotthaufen“ (Beckenbauer) plumpste ins Finale.

Allerdings zählte ich dazumal, während der Spanienendrunde, erst lächerliche vierzehn Jahre, und mein Tag bestand aus Schule und Schwimmtraining. Der Sommer versprach alles, ich verliebte mich in eine aufreizend-reizende Niederländerin, sie verliebte sich in mich, doch die Andeutungen unserer gegenseitigen Zuneigung waren derart verhuscht und ängstlich, daß wir beinahe jede Begegnung außerhalb des Schwimmbeckens vermieden. Die wenigen Sätze, die wir in einem mühsamen, bedächtigen Kauderwelsch zwischen zwei Freistilserien wechselten, haben sich nicht tradiert. Und schließlich kam mir der bescheuerte Fußball daher. Es kennt die Torheit keine Grenze nicht.

Man sagt den Belgiern wie den Niederländern eine jeweils eigensinnige Grundliberalität nach, die sympathische Wurschtigkeit gegenüber staatlichen Obrigkeiten einerseits, eine sehr stabile soziale Toleranz andererseits. So grob der Unfug quasi-ethnischer Zuschreibungen, so angenehm das Leben außerhalb Deutschlands. Wenn ich auf dem Humorniveau eines keineswegs von Weisheit gestreiften Balgs bisweilen die „Kaasköpp“ meinte lächerlich machen zu müssen, schritt meine Mutter energisch ein. Und als ich eines Abends nach der Übungsstunde mein Fahrrad beschädigt vorfand, sprang mir unser Trainer bei und erklärte, daß viele niederländische Kinder von ihren Eltern auch heute und sehr zu Recht darüber unterrichtet würden, was ihnen die Deutschen einst antaten.

Es war ein außergewöhnlicher Tag, der zweifache Weltmeister hatte zuvor am 16. Juni ein schmeichelhaftes 1:2 gegen Algerien errungen – Madjer und Belloumi semmelten in der zweiten Hälfte zwei Bälle an Schumacher vorbei – und hernach Chile 4:1 geschlagen, es war heiß, es war schön draußen, die Sonne schien; der Himmel stand blau, das Gras roch frisch, Rasenmäher tuckerten rund um unser Haus in der Brunssumer Vondelstraat, es war eine Pracht, und es war der Entschluß gefaßt worden, die übers Weiterkommen entscheidende Österreichpartie anderwärts zu absolvieren. Normal war das nicht. Normal war, daheim zu verweilen, vor dem Wohnzimmerfernsehkasten zu liegen, Vater hing auf der Couch herum und qualmte in einer Tour, mein jüngerer Bruder und ich verfolgten aus nächster Nähe das zwar oft quälende, aber nie langweilende Gebolze (der älteste Sohn ließ frühzeitig jeden Fußball passieren): Geschehen konnte immer was, und die langen Stunden der Einstimmung genoß ich stets exzessiv, das mählich sich steigernde nervöse Vorgeplänkel, schnell noch mal raus und zehn Minuten die Kugel testen und überprüfen, ob Rummenigge und Magath heute auf Trab seien.

Mutter buk Kuchen, kreuzte später hin und wieder über uns hinweg, warf einen Blick Richtung Fernseher und beschied: „Die Flaschen spielen ja bloß aan Scheiß zusammen. Die können ja gar nichts." Herrlich. Wer hält die Welt an?

Es war ein außergewöhnlicher Tag. Bis heute bin ich vorwiegend Fernsehfußballfan, und meine Passion geht auf die Behaglichkeit der in schöner Regelmäßigkeit wiederkehrenden häuslichen Rituale zurück. An diesem Tag aber war alles anders. Wir fuhren nach Beek, ein unscheinbarer Ort gleich neben Geleen, dem südlimburgischen Chemiezentrum. Familie Gurk hatte geladen, meinen Bruder verband mit Sohn Karsten Freundschaft. Herr Gurk, das imponierte mir, trug stolz seinen mächtigen Ranzen durch den Garten des typischen niederländischen Kastenhäusls, von Geleen wehten sacht beißende Gerüche herüber. Gurk konterte solche Mißlichkeit, indem er seinen amerikanischen Grill befeuerte und es „den Stinkern richtig zeigen" wollte; nämlich Frikadellen und Wurst und Steaks pausenlos unter Dampf setzte. Seine zierliche, zerbrechliche Frau bewirtete uns, und meine Erwartungen stiegen und stiegen abermals.

Das kleine Wohnzimmer ging zur ruhigen Straße raus. Der Fernseher dominierte einen Raum, der kaum Platz fürs Ledersofa bot. Dicht gedrängt verfolgten wir die Vorberichterstattung, ein *must.* Zum Spiel gehört's Geschwätz, gehören Hintergrundinformationen, Prognosen, Features, gehört jener Reigen nutzlos rankender journalistischer Halbbetätigungen, die unterstreichen, welch bedeutsames Ereignis in Kürze statthaben wird. Gurk sah zwischendurch nach seinen Trümmern Fleisch, die elfjährigen Buben spielten, glaub' ich, Playmobil.

Aus dem Rahmen jedoch fiel an diesem Tag nicht allein der Entschluß, auswärts zu schauen, auf fremdem Geläuf TV-Fußball zu zelebrieren – die ungewohnte Atmosphäre machte mich etwas hippelig, mir fehlte die bekannte Einrichtung, und bis heute sehe ich mir meinen geliebten Fußball bevorzugt zu Hause an – immerhin sanktionierte Ästhetikprofessor Martin Seel (*Merkur* 44/1990) derartige Leidenschaft – das Studium der Philosophie scheint nicht samt und sonders nutzlos –, mit Blick auf die göttliche Aura der Fernsehstunden: „Im Anschauen einer Fußballübertragung – und nur hier – können die Menschen jenen olympischen Standpunkt einnehmen, von dem Aristoteles (in Unkenntnis des rundum bewegten Bewegers) glaubte, er müsse den Außerirdischen vorbehalten bleiben. Daheim, auf dem Sofa, versunken in Ballbetrachtung der dritten Art, sind sie Götter mit Leidenschaft und mit Leidenschaft Götter"; – extraordinär war vor allem, daß plötzlich – und dem alteingesessenen protestantischen Purismus meiner Eltern zuwiderlaufend – der Plan geschmiedet wurde, das Endergebnis zu tippen. Eine dermaßen freizügige, ja libertäre Devise schien die Welt auf den Kopf zu stellen oder wenigstens aus den Angeln zu biegen. „Einsatz ein Gulden!" rief mein Vater, legte Tabellen an und fragte reihum. Ich brauchte fast zu lange; ob ich nicht endlich und ein wenig zügiger bitte mal eine Entscheidung treffen und – „4:1; für Deutschland."

Haurein Hrubesch schoß in Minute elf das Führungs- und Siegtor. „Heute muß ich aus einiger Distanz sagen", gestand Hans-Peter Briegel Jahre danach, „unter sportlichen Gesichtspunkten war das Spiel gegen die Österreicher nicht in Ordnung. Nach dem frühen 1:0 gab es praktisch einen Nichtangriffspakt."

So kann man es auch ausdrücken. Briegel selbst ist mir als besonders peinvoll in Erinnerung geblieben. Der linke Verteidiger „mit Offensivqualitäten" stand am unteren Bildrand herum und war mir deshalb näher denn seine schäbigen Kollegen. Er verkörperte die ganze Misere einer Mannschaft, die ihre Kräfte nicht einteilen konnte, sondern zügeln mußte, obschon sie Österreich nach Córdoba weiß Gott nichts schuldig war. Eine sichtlich unter Mühen gedrosselte Walze, die fünf Meter vor und sechs Meter zurück rollte – das Prinzip Briegel: Riegel ohne Angreifer. Man hätte weinen mögen.

Die Vergnügungsgesellschaft Gurk/Roth nahm's gelassen. Meine Mutter gewann den Pott und sah sich neuerlich in ihrer Auffassung bestätigt, „die Gurken" könnten es halt einfach kaum besser. Das Skandalöse dieser Darbietung resultierte nicht aus der offensichtlichen Absprache, um Algerien bei Punktgleichstand zu eliminieren, sondern aus der

Unfähigkeit, eine taktische Turniermaßnahme so vorzutragen, daß die Fußballwelt geblendet oder halbwegs beruhigt gewesen wäre. Der italienische Topstürmer Rossi hätte wenigstens drei, vier Dribblings unternommen, hätte hin und wieder aus der zweiten Reihe abgezogen oder sich fallen lassen. Magath, Kaltz, Dremmler, der ältere Förster, Stielike schoben lediglich den Ball die arg strapazierte Mittellinie rauf und runter, und Briegel scharrte mit den Hufen.

Es war ein außergewöhnlicher Tag. An keine andere Begegnung kann ich mich besser erinnern, denn woran ich mich erinnern kann und muß, es war und ist nichts, die vollkommene, weil vollkommen leere Erinnerung an ein vollkommen leeres Spiel, in dessen Verlauf das Ende des Spiels, so die Journaille geschlossen, aufschien. Es war das perfekte Spiel, ein (Gruppen-)Endspiel auf negativ metaphysischem Niveau, „die Antwort der Realität auf Samuel Beckett" (Kay Sokolowsky), und es war das letzte (und zugleich vielleicht ja erste) Spiel dieser Art. Die FIFA entschied sehr bald, die jeweils dritten Gruppenspiele künftig parallel austragen zu lassen, und ich beschloß, dem Fußball, dem „größten Spiel der Welt" (Hans Blickensdörfer), weiter die Stange zu halten, mit einem anhaltend trotzigen Vertrauen in die Grundrichtigkeit meines Spiels, in seine Einfachheit und in die Gerechtigkeit, die sich so oder so durchsetzen werde, immerhin gewannen Derwalls Leute ja auch das Halbfinale gegen Frankreich, und wer's gesehen hat, wer Rummenigge seit der 96. Minute trotz Oberschenkel- oder Wadenmuskelbündelverhärtung, leicht gebeugt, Kopf vorgewuchtet, auf und ab eilen und Fischer das unmögliche Fallrückzieheregalisierungstor in der 108. aus der heißen Luft zaubern sah, der mag auch – von wegen „zynisches Modell Breitner" (Matti Lieske) – Dorschangler Horst Hrubesch nicht vergessen, wie er nach seinem verwandelten Strafstoß, dem dreizehnten, über den Platz sprang, als sei die Welt neu erschaffen worden.

Das unglaubliche, unfaßbar spannende Frankreichspiel, dies merkwürdige zittrige Versagen Platinis und Tresors und Giresses bei gleichzeitig wundersamem Streitmut der Deutschen, läutete nur Tage später die nächste Ära meiner Endspiele ein – Zäsur, die es war, epistemologischer Schnitt. Gijon, „ein Stück Fußball-Porno" (*Volkskrant*), schien passé und zugleich aufgehoben, jenes Gruppenfinale, dessen Konsequenzen ich mich, mit mir selbst Punkt Abpfiff vollauf einverstanden und im reinen, flugs entzog. Ich hatte alles gesehen, was der Fußball zu bieten vermag, das Spiel konnte neuerlich beginnen.

Mein erstes Endspiel fand zu Córdoba statt, live und bewußt via TV. Hans Krankl, der zwei Minuten vor Schluß das 3:2 machte, las ich später, hatte sich vorbildlich geäußert: „Wenn ich Deutschland höre, werde ich zum Rasenmäher" – der Abschluß einer ausgezeichneten Endrunde. „Angetan von den scharfen Sicherheitsvorkehrungen, die manchen Nationalspieler erschreckten, gewann er [Hermann Neuberger, d. Verf.] den Eindruck, daß die Endrunde bei den Generälen gut aufgehoben sei", hieß es rückblickend. Beckenbauer war im Vorfeld ausgetrickst, ja ausgeknockt worden, er bolzte für Cosmos New York: „Halbherzige Freigabeersuche und hochgeschraubte Bedingungen ließen erkennen, daß man ernstlich die Teilnahme des Münchners am WM-Turnier nicht ins Kalkül zog. Uli Stielike, von Gladbach zu Real Madrid gewechselt, fiel unter das Verdikt, daß Spieler im Ausland nicht für die WM berücksichtigt werden." Dafür schoß der – laut *stern* 24/1998 – Camp- und Mannschaftsanführer Berti Vogts gegen Österreich ein lupenreines Selbsttor, welches das Unheil vom 21. Juni einläutete. (Abramcziks verbaselte Großchance rundete die Scheiße schließlich ab.)

Erich Beer, der Hohepriester des Rückpasses („Wenn ich vorn rein gekonnt hätte, wäre vielleicht noch was drin gewesen"), ein Herthaner, der neben Hölzenbein, Rüßmann und Dietz wenig verloren hatte, Helmut Schön schien nicht mehr bei der Sache zu sein – Erich Beer, den werd' ich mir merken, schwor ich mir, und ich tat, wie ich mir geheißen. Und sie standen schon damals, weit vor der unkaschierten spanischen Darbietung, konsequent herum, diese alten Penner, standen und standen und trippelten und schoben durch die Gegend, standen und schlichen und schlurften wie gegen England, 1970, Viertelfinale. Liegen hinten und stehen stier in der Gegend rum. Päusken hier, Päusken da. Overath übernimmt von Beckenbauer, watschelt durch den Mittelkreis, dreht nach rechts ab, Ball tänzelt, Ball eiert, Overath schlappt, stenzt zwei, drei Meter Richtung Seitenlinie und schiebt „in aller Seelenruhe" – jetzt habense „alle" Zeit der „Welt" – das ockerfarbene Leder zu Schulz, Schulz nimmt fast gnädig an, stoppt den Ball, steht, geht zwei Schritte nach vorne, stoppt erneut und vor allem sich, verschnauft, legt die Kugel von links auf rechts, von rechts auf links, von links auf rechts, wartet, steht, schaut und glotzt und schiebt ihn, den Lederball, die Linie entlang über drei, vier Meter zurück. Erst mal eine rauchen.

Gelassen blickt der Engländer drein. Man führt 2:1, Leon, Mexiko, die Uhr tickt, paar Minuten noch. Was kostet die Welt! (Seeler hält dann doch eben die Platte hin.)

Gijon war Ende und Beginn, die Vervollkommnung von dreißig Jahren Weltfußball. Den Battiston-Crash, die nächste Initiation, erlebte ich allein, die Familie verbrachte den weiteren Sommer in Mittelfranken – niemand da, erstmals, eine Ungeheuerlichkeit, die später nicht Usus, aber wiederholt werden sollte, später, als ich nach Friedrichsdorf-Köppern übersiedelte.

Ich hauste zur Untermiete bei einer älteren Dame im sechsten Stock. Mein Zimmer war fensterlos und vier bis fünf Quadratmeter groß. Das Wohnzimmer überließ mir Frau Abate, sobald sie Richtung Italien floh. Ich mußte ihre verfettete Katze füttern und deren Wanst kraulen, während ich auf dem lindgrünen Sofa lag. Andernfalls schrie sie sich die Seele aus dem Leib.

Die Bedingungen, eine Fußballweltmeisterschaft zu verfolgen, schienen nicht ideal, wenigstens funktionierte der Fernseher, und ab und zu schaute der alte Freund Gilles K. vorbei, leerte Bierdosen und versuchte erfolglos, mein Engagement zu verstehen, mein zähes Festhalten an der Entscheidung, jeder Begegnung bis zum Abpfiff beizuwohnen. Erst als Belgien – Gilles ist Brüsseler – gegen England nach brillantem Spiel die Achtelfinalverlängerung erreichte, erwachte ein nicht für möglich gehaltener Fanatismus in ihm, eine ungezügelt aufflackernde patriotische Raserei, die alles übertraf, was ich mir insgeheim verbot.

Ich sah mir das seltsame Schauspiel entspannt an, versicherte ihm meine volle Unterstützung, sicher, die Belgier würden's schon packen, die Sache ging 0:1 daneben, und in der Folgezeit, ich kannte ja, vor kurzem umgezogen, noch keinen anderen Menschen, war es meine Pflicht, isoliert und katzenbewacht vier Wochen durchzustehen, mal einen Burger von der Tanke, sonst nichts, lediglich Elfmeter auf Elfmeter, Argentinien knüppelte und hackte sich ins Endspiel, selbst Italien, bis dahin ohne Gegentreffer, kapitulierte vor Bilardos Kloßtruppe, die als Vorrundendritter weitergekommen war (Handtor Maradona gegen die SU!).

Welch erhabene Vorstellungen indes Beckenbauers Elf bot, ein Ensemble, das unter dem Überangebot an Spitzenmittelfeldkräften keineswegs zusammenbrach (Häßler, Littbarski, Thon, Bein, Möller, Matthäus, bisweilen Buchwald) und „vergleichbar mit dem der 'glorreichen' siebziger Jahre“ (Hans-Peter Briegel) war, ja – war. Fünfzehn Tore schossen die, in Worten: fünfzehn!

Lothar Matthäus nahm „mit seiner Dynamik [...] alle Angst aus dem Spiel“ (*kicker*, 11. Juni 1990), „als Kraftwerk und Schaltstelle im Mittelfeld [...] gegen Kolumbiens elastische ‘Kautschuk-Defensive’“, selbst das Achtelfinale gegen die mir bekannten Niederländer und den einwandfrei bestochenen argentinischen Schiedsrichter Loustau dominierte er „dynamisch, mit Auge, gut“, ja, da war was los, draußen sangen die Vögel, die Katze spitzte kurz und wälzte sich in ihren knarzenden Korb, „Buchwald friert am linken Flügel Winter ein“, Brehme „zelebriert den Ball mit dem Innenrist in die lange Ecke“, ein Fest für mich allein, Pearce verholzt zu Turin den vierten Elfer, gerecht, gerecht, Guido Buchwald legt Maradona „an die Kette“, Illgner, damals noch dezenter gegelt, „beschäftigungslos wie selten zuvor“, „Andy, schieß du!“ ruft Matthäus, dessen Schuhsohle in der Pause gebrochen war und der „sich deshalb nicht hundertprozentig sicher“ (Andy Brehme) fühlte, Goycoechea, „Elfmetertöter“, hat keine Chance, „exakt vier Schritte zurück, dann vier nach vorne“ (Andy Brehme), Andy flüstert, 73.603 Zuschauer und ich warten, den „Argentinos“ (H. Faßbender) zu: „Euer Torwart ist ‘ne taube Nuß, dem haue ich den Ball rein“ –

– gleichwohl, ich weiß nichts mehr, kein Schatten, kein Schimmer ist geblieben, alles weg, es fehlte das Surrounding, es fehlten die Stunden im Café, es fehlte die soziale Begleitatmosphäre, denn „das Reden über den Fußball verlangt eine sicher nicht vage, aber alles in allem begrenzte, genau umrissene Kompetenz; es erlaubt Stellungnahmen, Meinungsäußerungen, Lösungsvorschläge, ohne daß man sich der Verhaftung, dem Radikalenerlaß oder jedenfalls dem Verdacht aussetzt“ (Umberto Eco), und an nichts von alledem nahm ich teil, ich war ein kraftlos Ausgestoßener und regelrecht Verbannter, der im Taunus Stunde um Stunde WM absaß und verdöste und verdusselte und ohne eigenes Verschulden eine der herrlichsten Zeiten verschenkte und versaubeutelte, die wir dummen Menschen uns zu machen vermögen.

So weiß ich, im besten Erinnerungsalter, acht Jahre danach, vom römischen 8. Juli nichts und null mehr – außer, daß es keinen Moment des Bangens und des Zweifels gab. Argentinien war miserabel, zu dämlich, um nur die Mittellinie zu passieren, und eine womöglich behagliche Schwermut hatte sich wohl meiner bemächtigt, ich hing ja simultan stark und unvermindert zehrend Anja M. nach, die mit einem Arsch von Arzt rummachte, und die Katze wollte fressen.

„Ironie“ nannte der *kicker* den Elfmeterentscheid. „Noch nie zuvor hat ein Team mit so wenig Fußball [...] Weltmeister werden wollen“, hakte Teamchef Beckenbauer nach und sprach einen Satz, der bleibt: „Wir sind über Jahre hinaus nicht mehr zu besiegen. Es tut mir leid für den Rest der Welt, aber es ist so.“

„Gewiß waren die nächtlichen Aufläufe in den Innenstädten auch von der unbewußten Absicht inspiriert, dem Territorialgewinn einen heroischen Anstrich zu geben“, kommentierte Wolfgang Pohrt (*konkret* 8/1990) das anschließende und weniger ironisch gemeinte Tohuwabohu und Deutschlandgekreisch und -geplärr. Von meinem Fenster sah ich, wie Frankfurt, Atlantis gleich, in grellen Farben leuchtete, und als ich mich per R 4 über die A 5 hereinwagte, fuhr ich auch gleich wieder zurück, zur Katz' und zum Ratzen.

Was macht's; die großen Spiele werden nie große Spiele. Hängen wir's tiefer. Die Richtigen sollen gewinnen, und so gesehen war alles richtig gelaufen. „Unter uns, die Welt ist doch kein Fußball. Und wenn schon.“ (Richard Kirn)

Drum.

Eichendorffs Eintracht
Das schöne Spiel und die Dichter

Beinahe alle brauchbaren Weltdichter liebten und lieben den Fußball – mit Ausnahme des Boxnarrs Bertolt Brecht und zirka 4.500 anderer. Albert Camus' Passion für das schöne, menschheitsversöhnende Spiel ist ebenso sattsam verbürgt wie Nabokovs frühe Torhütertätigkeit, ja, beider Hingabe an die Idee des diffus ästhetischen und hochlöblichen moralischen Gesetzen gehorchenden Mannschaftskollektivs unter den Gebildeten längst Mythos geworden.

Hinsichtlich des deutschsprachigen Raums darf man eine gewisse Massierung, besser: Ballung an fußballaffizierten und -infizierten Literaten konstatieren. Außer Joachim Ringelnatz und Ödön von Horváth meditierte beispielsweise Robert Musil im *Mann ohne Eigenschaften* über das sich anbahnende Globalphänomen Fußball, dessen „einflußreiche Industrien". Poetischer gingen ab Anfang der siebziger Jahre und nach Karl Heinz Bohrers damals singulärer Netzer-Erkundung zahlreiche bundesrepublikanische Kräfte zu Werke – Tendenz Vereinsmannschaft nunmehr, weg von der Nationalepopöe. Jörg Drews fand freundliche Worte für den 1. FC Kaiserslautern, und Walter Jens erklärte, die Aufstellung seines TV Eimsbüttel noch memorieren zu können, wenn er den allerhinterletzten Goethe-Vers längst vergessen habe.

Die haarsträubend inkompetenten H. Böll (1. FC Köln), G. Grass (wahrscheinlich Hertha BSC) und P. Handke (1. FC Nürnberg) hier beiseite gelassen, wurde kein anderer Verein inständiger und kenntnisreicher umworben als die Frankfurter Eintracht – wohl weil sie dereinst einen Stil praktizierte, der „kunstnah" zu nennen war und der geheimen Kongruenz von Fußball und Literatur sozusagen realsymbolisch am nächsten kam. Ror Wolf, der unerreichte Avantgardist, bekundete vielgestaltig (vgl. *Rohrbachs Geschichte*) seine Sympathien für die Riederwald-Artisten. Prachtvoll ist nicht nur das Kabinenphoto aus Wolfs Klassiker *Das nächste Spiel ist immer das schwerste*, das ihn, gemeinsam mit Grabowski, als Schuhinspektor zeigt; zehrend formvollendet und herzumgreifend erschütternd klingt nach wie vor seine Collage „Heute ist die Eintracht mit dem Hammer wieder da": „halt dich fest / halt dich fest / halt dich fest Marie / bei der Eintracht spielt ein Mann / das ist der Grabowskiii".

Eckhard Henscheid, neben Ror Wolf der bedeutendste lebende Schriftsteller hierzulande, verlieh Bernd Nickel alias Dr. Hammer durch seinen Roman *Dolce Madonna Bionda* die höchsten Weihen: Er ward Teil des Personals. Andernorts nannte Henscheid Nickel einen „säkularen Denker", zumal einen Typus, der „die reine Ästhetik eines Grabowskischen Dribblings oder eines Hölzenbein-Nickelschen Doppelpasses in der Tradition und im Geist von Immanuel Kants 'interesselosem Wohlgefallen' als Bestimmung des Ästhetischen" quasi gesamtideell verkörperte.

Das waren Zeiten, Eintracht-Jubeljahre, die das Fußballhohelied gebaren und Hymnen evozierten von Ewigkeitswert. „Am Abendhimmel blühte ein Frühling auf", sang Henscheid, „und / Sein Name war Cha. Die Eintracht aber, jahrlang / Von Klippe / Zu Klippe / Geworfen, glühte mit dir, o mein Trauter, zu / Neuschönem Glanze." Erlösungshoffnungen Eichendorffscher Dimensionen nährte auch „Holz" Hölzenbein mit seinen „Siebenmeilendribbelschritt[en] zum definitiven Paradies auf Erden" – oder wenigstens den Wunsch, Weltmeister zu werden, der sich ja tatsächlich erfüllte, weil das Interview-Tandem Henscheid/Wolf den federleichten Schwalbenkönig in die 74er Endspielmannschaft förmlich hineinschrieb. Am 12. Juni 1974 erschien als Feuilleton-Aufmacher der *FAZ* ein Gespräch zwischen Henscheid und Wolf, dessen argumentative Stringenz Helmut Schön einfach überzeugen mußte: „zu den H-Kräften" des „idealen deutschen Mittelfeldes" gehöre eben, hieß es da, unzweifelhaft Hölzenbein. Dichterische Imagination führte den entscheidenden Elfer herbei – herrlich.

Leider irrten später beide doch sehr, da sie der Eintracht weiter währende güldene Epochen prophezeiten oder attestierten – beispielsweise wegen des „Quadrupelpasses Bein-Binz-Andy-Möller-Bein, explosiv elektrisierend wie eine Chopinsche chromatische Terzenkaskade" (Henscheid). Der Glanz der Riederwälder verblaßte, die Verheißung fülligsten Glückes durch (fast) vollendeten Fußball erwies sich als Täuschung, eitel irdischer Schein fern jeder ästhetischen Transzendierung. Ror Wolf nahm seinen Abschied. Henscheid ließ 1988 in *Maria Schnee* den traurigen Protagonisten sinnen: „Andersen, dachte Hermann und spürte jetzt wieder ein bißchen Kopfweh, würde der Eintracht in der neuen Spielzeit sicherlich sehr nützen" – und konvertierte dann zum SC Freiburg, um es schließlich genauso sein zu lassen.

Alle Beschwörung hatte nichts genützt. Der Einfluß der Literatur auf die Vereinsgeschicke scheint begrenzt. Mangelt es den spielerischen Darbietungen an Magie, verliert das Spiel der Einbildungskraft an magischer Energie. Seit gut zehn Jahren demontiert sich die Eintracht peu à peu, dort, wo die Inspiration ihren Halt findet, zwischen den Toren. Andererseits: Weiß ein ja eher profaner bis banaler Fußballverein solche Dichter auf der Habenseite, darf er ruhig mal absteigen. Der Olymp und die Unsterblichkeit sind ihm, dem Club, gewiß – wie der Poesie, die sich seiner verdankt und ewig währt. Länger als der DFB jedenfalls. Und „dieser Schmerzen Zauberei“ (Eichendorff) tröstet.

Kluges Frankreich
Eine Anekdote

Christoph Biermanns WM-Diarium *Fußball ist ein Spiel für 22 Leute, und am Ende gewinnt immer Deutschland. Außer manchmal* (Göttingen 1998) enthält folgende betörende Geschichte:

„Das bezaubernde Cola-Girl im Stadion von Nantes lächelt versonnen, als sie mich als Deutschen erkennt: 'Eine wunderschöne Sprache.' Besonders angetan hat es ihr Joseph von Eichendorff, der große romantische Autor aus dem vergangenen Jahrhundert. 'Der ist so schwimmerig', sagt sie und rollt ganz beglückt ihre braunen Kulleraugen. 'Schwimmerig?' murmele ich einen Moment ratlos. Das Cola-Girl errötet ein wenig. 'Ja, schwimmerig.' – 'Meinen Sie vielleicht schwärmerisch?' Erleichterung vor dem Kühlschrank mit den Brausefläschchen. 'Ja, natürlich, schwärmerisch.'"

Nein, natürlich hatte das Cola-Girl recht: Schwimmerig, genau das ist Eichendorff. Und die großgermanische Verwaltungsgermanistik müht sich bis heute vergeblich, das zu begreifen.

Das beiseite – Biermann selbst verfiel, wohl unwillentlich, in einen beinahe eichendorff-anmutigen Säuselzartsound, in dies schwankend Drehende und Raschelnde jener hochmodernen Poesie (vgl. *Aus der Heimat hinter den Blitzen so rot – Ein Lesebuch mit Eichendorff-Gedichten von Eckhard Henscheid*, München/Wien 1999) –: vom „bezaubernden Cola-Girl" und speziell versonnenen Lächeln, vom etwas ungelenk entrückenden „aus dem vergangenen Jahrhundert" und dunklen Kulleraugenrollen, vom emphatischen Attribut „ganz beglückt", vom brummelnden Biermann-Murmeln, von der Ratlosigkeit und der huschenden Errötung und den „Brausefläschchen", die den schroff kontrastierenden „Kühlschrank" mit Leben füllen, bis zur spannungslösenden Wendung „natürlich": alles an seinem richtigen Platz.

Sehr schön, sehr schwimmerig. Und das in einem Fußballbuch.

Zwischen Hegel und Benjamin
Der Zusammenhang des Tores

Es ist ja nicht nur so, wie Jürgen Kohler gegenüber der *Frankfurter Rundschau* (28. Februar 1995) erklärte, daß Fußball mit Ball, Beinen, Füßen und dem Schädel gespielt wird – „man spielt ja nicht nur mit den Beinen oder mit dem Körper, sondern man muß ja auch was im Gehirn haben" –; nein: Selbst eine derart schlagende Einsicht in die Symbiose von Kopf- und Schuharbeit reicht nicht hin, den Gesamtkomplex Fußball erschöpfend zu interpretieren. Der Wesensgehalt des Spiels zeigt sich allein jenem, der ungetrübten Auges der Wahrheit ins Antlitz blickt: Das Leder soll rein, am besten volley. Volltreffer sind gefragt, ob „utopisch" (H. Böttiger) erzielte oder nach „trockenem Schuß". Wurscht. „Der Ball muß ins Tor. Das ist die einzige Wahrheit." (Otto Rehhagel)

Wer dem anything goes der Postmoderne zu wehren sucht, denke daran; denke immer feste daran. Tag und Nacht. Tor. That's it. Und vielleicht der eigentliche Sinn „profaner Erleuchtung" (W. Benjamin), den uns Hegels Kritik des Polizeistaates (Werke Bd. 2) beibiegen möchte. Durchs „Anlaufen" holt diese nämlich erst richtig Schwung für die abschließende Begründung dialektischen Denkens: „Die wahre Methode wäre die, wodurch das Wissen schon diesseits des Grabens in den Spielraum des Anlaufens herübergezogen [...] wird." Graben? Egal, „es ist hiermit die Notwendigkeit der Tore deduziert" (Hegel).

Doch, gar die unfehlbare, vollcheckende Linke möge sich an der Frankfurter Eintracht orientieren, die „auch ohne den grippegeschwächten Doll das Gesetz des Handelns an sich riß" (*Frankfurter Rundschau*, 17. Oktober 1994) und fast gewonnen hätte.

Meint: Vom Fußball lernen heißt: siegen lernen. Super. Meine Güte. Prima. Spitze erkannt.

Fußballforschung
Drei Beispiele

So alt die Frage, was das Faszinierende am Fußball sei, so verbreitet der Gemeinplatz, die Begeisterung für ihn entziehe sich jeder Erklärung. Auch täuscht der Eindruck nicht, die in den letzten Jahren unternommenen Deutungen seiner Unwägbarkeiten beförderten kaum mehr als tautologisches Gerede; und schließlich hat es den Anschein, die Ergebnisse der Fußballexegese fallen um so dürftiger aus, desto ambitionierter ihre Autoren auftreten.

Berthold Happels *Der Ball als All – Mythos und Entzauberung des Fußballspiels* (Münster 1996) setzt jene Tendenz fort, die Arbeiten von Dirk Schümer (*Gott ist rund*) und Helmut Böttiger (*Kein Mann, kein Schuß, kein Tor*) begründeten: Die raren Gedanken, die man ohne präzises Wissen um historische und gesellschaftliche Entstehungs- und Rahmenbedingungen des Spieles zu skizzieren versucht, sind bereits allenthalben formuliert worden: im Stadion, in der Kneipe, vor dem Fernseher.

Happels Untersuchung mag gutgemeint sein, das Ergebnis entpuppt sich als hochgegriffen. Ror Wolf war der letzte, der mit Metaphern zu spielen vermochte, die ins Kosmische griffen. Er enthüllte die Analogien zwischen Fußball und Fatum, um sie der Lächerlichkeit preiszugeben und doch ihren Kern zu retten, den irrationalen Gefallen am simplen Prozedere.

Bei DGB-Pädagoge Happel bieten sich nichts denn Platitüden dar, mal drollige Beobachtungen („Der G-Block ruft 'Scheiß Tribüne' oder ähnliche Fiesigkeiten [!] in Richtung jener, deren Körpergewicht während des Fußballspiels auf dem 'Arsch' ruht anstatt auf den Füßen"), mal erschütternd schlichte Einsichten, die mit allerhand begrifflichem Tamtam (zumal aus dem Zitatenfundus Meads und Durkheims) verziert werden: „In den verschiedenen Ritualen und Praktiken des Spielanfangs [...] wird eine Polarisierung eingeleitet, mit dem Ziel, die Fußballspieler zu Kampfsubjekten hochzustilisieren." Und nicht hochzusterilisieren?

Was da im Gestus einer halbherzigen, didaktisch verdünnten, zweifelhaft moralisierenden Intellektualisierung zur Darstellung gelangt, schäumt nichtswürdig nichtig. Wie man über Fußball schreibt und die

Kenntnis seiner Ursprünge und Entwicklungen befördert, zeigt Christiane Eisenberg, die an der Universität Hamburg Geschichte lehrt. Für den wohlkomponierten Sammelband *Fußball, soccer, calcio* (München 1997) konnte sie prominente Akademiker gewinnen, die den Weg des Fußballsportes von seinem „Mutterland" nach Latein- und Nordamerika, Australien, Rußland und in den Süden Europas nachzeichnen – mit dem Anspruch, das Gerede vom „Geheimnis Fußball" hintanzustellen („Daß der Ball rund ist, wissen wir inzwischen") und ein echtes Rätsel zu lösen: „Wie erklärt man dieses Ungleichgewicht" zwischen globaler Akzeptanz einerseits und einem eklatanten Desinteresse in „hochmodernen Industriestaaten wie Japan, Australien und [den] USA" andererseits? „Sicher nicht durch die bekannten Liebeserklärungen an den 'runden Ball' und kluge Gedanken über die 'Logik des Spiels'. Erforderlich sind vielmehr sozial- und kulturgeschichtliche Untersuchungen, die nicht nur das Spiel selber, sondern auch die Wechselbeziehungen mit seiner konkreten gesellschaftlichen Umwelt in den Blick nehmen."

Dieser womöglich holzschnittartig-akademisch anmutenden Programmatik folgen Aufsätze, denen augenblicklich nichts Vergleichbares zur Seite gestellt werden kann. Zehn Autoren zeigen in argumentativ ausgefeilten, historiographisch und gesellschaftsgeschichtlich fundierten Arbeiten, wie man die Modernität des Fußballs – seinen lokale Borniertheiten potentiell überschreitenden Regeluniversalismus – politisch unterlief. Im Wilhelminismus etwa formten die herrschenden Klassen den Angestelltensport zu einer Institution, die nationalistische Propaganda transportierte und der Militarisierung des öffentlichen Lebens Vorschub leistete. Konsequent räumt Eisenberg en passant auch mit dem von „linker" Seite wieder und wieder reaktivierten Mythos auf, Fußball sei ab ovo und selbst im Hitlerfaschismus Betätigungsfeld des arbeiterbewegten Widerstands gewesen. Der Abonnementsmeister Schalke 04 verdankte seine Erfolge nicht zuletzt den Zuwendungen nationalsozialistischer Sportpolitik. So wird ein Fußballschuh draus.

*

„Sport und Politik sind nie gänzlich voneinander zu trennen", wissen Gerhard Fischer und Ulrich Lindner, die Autoren der Werkstatt-Untersuchung *Stürmer für Hitler* (Göttingen 1999), und spendierten ihrem

Dreihundertseiter den aparten Untertitel *Vom Zusammenspiel zwischen Fußball und Nationalsozialismus.*

Der Band enthält (mindestens) eine Lüge („*Stürmer für Hitler* ist [...] nicht nur das erste, sondern vorerst auch einzige Buch, daß sich ausführlich mit dem Zusammenspiel zwischen Fußball und Nationalsozialismus befaßt") und zahllose haarsträubende Urteile und Vergleiche, die nicht allein dem Ritual des Fachverlagsgewerbes anzulasten sind, die Bezüge zwischen Sport und Außersportlichem zwanghaft in Bilder der Sportsprache zu packen („Die Verbände und Vereine begannen in vorauseilendem Gehorsam, Juden auszuschließen und fleißig Wehrsport zu betreiben. Auch hier hatte die DT [Deutsche Turnerschaft, d. Verf.] die Nase vorne").

„Viele Spitzenfußballer kamen in der Wehrmacht unter und durften, sofern sie sportfreudige Vorgesetzte hatten", freuen sich unsere Sportsfreunde, „ungeachtet ihrer Dienstpläne trainieren", der Idealfall, siehe etwa Fritz Walter. „Manche kamen später an die Front als Otto Normalverbraucher, viele erhielten über Gebühr Heimaturlaub, einige wurden aufgrund sportlicher Leistungen in einer NS-Organisation befördert." It was a sports world.

Leider hatte sie ihre „Schattenseiten" (G. Schröder). „Jüdische Fußballer wurden drangsaliert, von Wettkämpfen ausgeschlossen, einige gar getötet." Nicht eher drangsaliert, deportiert, ermordet? Und wie erging es den reichsdeutschen „Kickern"? „Bekannte Kicker wurden instrumentalisiert als Aushängeschild für das Nazi-Regime." Das Nazi-Regime instrumentalisierte aber auch den Fußball an und für sich, weil „die Nationalsozialisten das Fußballgeschehen in den Jahren 1933 und 1945 in erheblichem Maße beeinflußten".

Die geschlossene Opferkette rasselt: Der Fußball wurde vom nationalsozialistischen Sportwesen mißbraucht, das nationalsozialistische Sportwesen vom Nazi-Regime, das Nazi-Regime von –? „Hitler und der Fußball. Ignorierte der Führer die Kicker? Führte man eine kühle Zweckgemeinschaft? Oder half der populäre Fußball dem populistischen Regenten, die Volksgemeinschaft enger an sich zu binden?" Besaß der populistische Regent überhaupt die Legitimation, den Fußball zu lenken? „Wenn sich die Nationalsozialisten die alten Germanen allerdings etwas konsequenter zum Vorbild genommen hätten, wäre der Nichtsportler Hitler der Welt als 'Führer' erspart geblieben."

Wo endet die Flapsigkeit, wo beginnt die rohe Dummheit? Und wieviel Gespür und Verstand versammeln Fischer/Lindner auf ihren Häuptern, da sie eruieren: „Die Nationalsozialisten waren ja grundsätzlich keine sehr ideologieorientierte Strömung (ganz im Gegensatz etwa zum Marxismus-Leninismus), so war ihr Programm zum Thema Sport auch nicht allzu konsistent“?

Nennt man all das: ungeschickt? Oder hat die Suche nach den verführten Deutschen einen neuen Typus des schuldlos Verstrickten ermittelt, den mitlaufenden Mittelläufer wider Willen?

Wir fragen bloß.

Medienkollisionen

Zunächst beweisen „die Unsrigen“ (Jo. Fischer), daß sie dem Prozeß der Zivilisation auf die Beine helfen und Kroatiens Blut- und Mörserelf in Grund und Boden laufen können. Den einmaligen, deshalb nicht minder verdienstvollen antifaschistischen Wettstreit begleitet die Heiligsprechung zweier Widerstandskämpfer, die der Papst kraft seiner „apostolischen Autorität“ vor 90.000 Claqueren des Antisemitismus „für selig erklärt“. Das Fernsehen erläutert: „Es war ein Papst, wie man ihn kennt.“

Eugen Drewermann darf am gleichen Tag (23. Juni 1996) bei *ZAK* und einem gewissen Küppersbusch promenieren, erntet Verständnis („Kirchenkritik“) und beichtet: „Ich hab' ein Bier auf den Sieg getrunken, und das war für meine Verhältnisse sehr viel.“ Gemeint: Borussia Dortmunds meisterliche Überwältigung der Münchner Bayern.

Da nach Drewermann „sechs Siebtel der menschlichen Psyche im Unbewußten liegen“, flüstert Gott einem der ergebensten bayerischen Eselchen, sie solle „seine Mucki“ sein. Einen Mucks tat ZDF-Mann Karlheinz Feldkamp, als er Dänemarks Darbietung gegen Kroatien kommentierte: „Die Dänen stehen da, ich sag's mal im Flachs, wie kleine Ascheneimer.“

Einen gelungenen Witz zeichneten wenige Tage zuvor Greser & Lenz. Seit dem Ausscheiden Italiens ordern demzufolge erhebliche Teile der Bevölkerung „eine Pizza Endstazione bitte“. Und während das runde Ding am Mittagstisch verspeist wird, referiert Gerhard Fuchs im ARD-*Presseclub*, Roman Herzog fordere eine neue „Wagniskultur“ – Mut zu extra Wagner-Pizza und/oder einer offensiveren Pizzakultur im Geiste des Standorts nicht lediglich als Erlebnis-, sondern Wagnisgesellschaft unter beherzter Mobilisierung aller verfügbaren Wagner-Pizza-Gewinnspielsammelpunkte, ja als zukunftsorientierte Kollektivanstrengung mit „vollem Einsatz“ (Helmer, Sammer) und „Risiko“ (U. Beck) i. S. der „Delle in der Zustimmungskonjunktur“ (Schäuble).

Die Delle im Dez im Erlebnisballungsraum – Deutschland an diesem Junisonntag: ein Volkskomposthaufen, auf dem der irisierendste Irrsinn gedieh, seit es Schokolade gibt.

Kaputt in Köln

Copy-Destroyer on Tour

Kollege Fischer und ich wollten ein Buch schreiben. Dafür brauchten wir Bücher, noch mehr Bücher. Wir hatten schon welche, etwa zwei- bis vierhundert Stück, aber die reichten uns nicht, wir wollten sie einfach alle haben. Man nennt es Forscherdrang.

Die Fachbibliothek der Deutschen Sporthochschule steht in Köln. Fritz Herkenrath und Udo Lattek wurden da examiniert, der Geist der Tradition weht streng. Der Pförtner beißt sein Stullenbrot.

Quadergleich hockt Schweiß im Raum. Eine Studentin fragt, ob es hier Bücher gebe, die besorgt heraneilende Bibliothekarin klärt uns darüber auf, daß wir „Formulare ausfüllen" müßten. Nach drei Stunden haben wir vierundvierzig Titel notiert. Am Tresen gibt man uns Bescheid, es könnten nur jeweils zehn bearbeitet werden. Ich simuliere weitere Schweißausbrüche und rede was von „höchstrichterlichem Auftrag im Sinne der Literatur und insbesondere der Fußballforschung" daher. Ja, o. k., mal schaun, das klänge ja interessant.

Zwanzig Minuten später sehen wir die Frau hinterm Ausgabetresen nicht wieder. Sie murmelt, wir möchten doch bitte die Stapel rasch entfernen. Schweiß sammelt sich am Hosenbund. Ein flüchtiger Blick bedeutet uns: Das müssen wir a l l l l e s kopieren.

Wir teilen auf. Drei Räume mit jeweils drei Xeroxmaschinen. Fischer reißt den ersten Fritz-Walter-Band runter, daneben schufte ich an der Enzyklopädie des Toreschießens. Vor der Glastür warten Menschen.

Plötzlich ruckelt Fischers Apparat, Papierweg verstopft. Die hinzugezogene Aufsicht behauptet, der Xeroxklempner sei schon gegangen. Mit dem Handwagen zieht Fischer nach oben ab, ich erhöhe die Frequenz, fünf ist durch, da staut's auch bei mir. Geistesgegenwärtig wechsele ich zum eben freigewordenen letzten Gerät dieser Abteilung und erkläre dem zaghaft protestierenden Kollegen, ich käme aus Frankfurt und hätte bis sieben leider die zwei Stöße hier abzulichten. Er versteht und schleicht davon.

Um halb sechs kapituliert die tapfere Kiste. Stoisch rütteln Kopierwillige an Klappen und Papierfächern, Fischer taucht auf und signalisiert, oben, im dritten Stock, seien drei der drei Maschinen zerbrochen, unten stünden indes noch zwei, die dritte sei ihm gerade, und er wisse nicht, wieso, kaputtgegangen.

Ich sammele Blätter und Folianten ein. Blitzartig fallen die beiden letzten Xeroxe in unsere Hände, Schweiß rinnt rasend, der Zeiger tickt, der Toner schwächelt, Hennes Weisweilers *HörZu*-Kolumne, ein unverzichtbares Stück Literaturgeschichte, schnurrt mit dichtem Grauschleier aus der stampfenden Mühle, draußen warten fünf, sechs Kommilitonen und lassen sich gerne sagen, man müsse heute nach Frankfurt zurück, als Fischer „Verfickte Xeroxscheiße!" brüllt und zusammensackt und die Packen vom Beistelltisch wischt, ich aber unter Schweißeruptionen, vier vor sieben, die letzten Seiten Hanne Sobek aus dem Kasten prügele, der dömpelnd seinen Dienst quittiert, das Bündel an mich reiße und treppab stampfe. Fischer folgt, aufgescheuerte Ellbogen, ergrauten Haares, zerfetzten Beinkleides, drei Dutzend Bücher und ratlos dreinblickende, seit zwei Uhr ausharrende und unverrichteter Dinge den Universitätstag beschließende Sportwissenschaftler im Schlepptau.

Das Buch ist fertig. Ob Köln noch steht, weiß ich nicht.

Letzte Meldung

Eine Korrektur

Er hat ihn, anders als in *Leben voller Fallrückzieher – Fußballer erzählen: von Fritz Walter bis Lothar Matthäus* (Leipzig 1998) behauptet, ausgefüllt, den *FAZ-Magazin*-Fragebogen: Günter Netzer, Berti Vogts' Mit- und Gegenspieler; etwa 1995, wie unsere Unterlagen vermuten lassen; und zwar gewissenhaft; und an zwei Stellen besonders eindrücklich.

Ihre Heldinnen in der Geschichte? Gertrud Höhler? „Mutter Teresa" (Vogts)? Grace Jones? Di die Doofe? – Nein. Antwort: „ – ".

Auf *Ihr Lieblingslyriker?* wußte der Terrier zu replizieren: „Unbekannte Autoren"; und Günter?

„ – ".

Nur: „ – ".

Ende. Feierabend.

Nachweise

Die Texte wurden durchgesehen, teils bearbeitet, mal erweitert, mal gekürzt.

Mützenrap mit Schall und Hall: Erstveröffentlichung
Peter Közle!: *Titanic* 8/1995
Johan Cruyff!: *Titanic* 5/1995
Lothar Matthäus!: *Titanic* 4/1994
Lodah Maddäus!: *Titanic* 5/1994
Sauber, Thomas Berthold!: *Titanic* 8/1994
Gerhard Zwerenz, altes Schlachtroß!: *Titanic* 1/1998
Frank Mill (37)!: Erstveröffentlichung
Frühvollendete Demenz: *Der tödliche Paß* 16, Juni 1999
Am Genfer See: *Der tödliche Paß* 17, September 1999
Vierzig Jahre Verschwörung: *Frankfurter Rundschau*, 25. April 1998
Triumph des Traumes: *Jungle World*, 11. September 1997
Recken und Betten: *PLAYBOY* 7/1998
Auf der Suche nach der Weltformel: Erstveröffentlichung
Das Los des Ersatzmannes: *junge Welt*, 1. Juni 1995
Nationalseelen, Transfermillionen, Fans, Trash, Lego etc.: *junge Welt*, 26. Mai 1995, 6. November 1995, 6. Dezember 1995, 5. Juni 1996, 28. Januar 1997, 1. März 1996 und *BÜCHERGILDEmagazin* 3/1998
Kerner und Steinbrecher: *taz*, 6. März 1997 und 22. März 1997
Sand im Kopf: *taz*, 30. März 1996
Bote des Blödsinns: *junge Welt*, 15. Juni 1995
Also, Helmut Böttiger: *Titanic* 4/1995
Totalitäre Metaphysik: *konkret* 7/1996
Hypernotorische Postmoderne: *BASTA!* 4/1995
Poptheorie des Fußballs?: *Die Beute* 4/1995
Clausewitz ist mit den Chilenen: *taz*, 13. Juni 1998
Mißlicher Mistral: *Frankfurter Allgemeine Sonntagszeitung*, 5. Juli 1998
Chaplin vs. Chapuisat: *taz*, 8. April 1999
Mit Hammer und Stöckchen: *taz*, 4. April 1998

Depperter FCN: *HATTRICK* 8/1996; das Interview stand in der *taz*, 31. Mai 1999.
Unterhaltung mit dem Ball: *VERLÄNGERUNG* 4
Quälgeist Rehhagel: *junge Welt*, 12. Juni 1995
Mein Lieblingshaßverein: Jürgen Roth: *Ein Schnupfen läuft Amok – Spitzenleistungen aus Sport und Geistesleben*, Frankfurt/Main 1998
Großkampftag: *konkret* 12/1997 und *TAL-Journal* 2/1998
Kryptischer *kicker*: Erstveröffentlichung
Ein Hampelmann zieht Fäden: *konkret* 1/1996; ergänzt um einen Beitrag in: Klaus Bittermann (Hg.): *Warum sachlich, wenn's auch persönlich geht – Das Who's who peinlicher Personen – Jahrbuch 1997*, Berlin 1997.
Hoffnung Kaiser: *junge Welt*, 11. September 1995
Der Salon-Libero: *Süddeutsche Zeitung*, 22. Juni 1999
Nicht zu knacken, nicht zu packen?: *konkret* 6/1998
Der Langpaß-Odysseus: *DIE WELT*, 26. Juni 1998
Ein Wort zu Wildmoser: Erstveröffentlichung
Gijon, Geleen, Köppern und Rom et al.: Albert Hefele/Jürgen Roth (Hg.): *Alle meine Endspiele – Herrliche Fußballgeschichten – von Bern bis Hamborn*, Berlin 1998
Eichendorffs Eintracht: *Frankfurter Rundschau*, 8. März 1999
Kluges Frankreich: Erstveröffentlichung
Zwischen Hegel und Benjamin: *junge Welt*, 11. März 1995
Fußballforschung: *HATTRICK* 2/1997 und *konkret* 9/1999
Der Erlebnisballungsraum: *junge Welt*, 26. Juni 1996
Kaputt in Köln: *taz*, 3. Juli 1998
Letzte Meldung: Erstveröffentlichung